HUAWEI

华为绩效管理法

HUA WEI JI XIAO GUAN LI FA

汪廷云◎著

SPM
南方出版传媒
广东经济出版社
—广州—

图书在版编目（CIP）数据

华为绩效管理法／汪廷云著．—广州：广东经济出版社，2017.11

ISBN 978-7-5454-5756-8

Ⅰ．①华…　Ⅱ．①汪…　Ⅲ．①通信-邮电企业-企业管理-经验-深圳　Ⅳ．①F632.765.3

中国版本图书馆 CIP 数据核字（2017）第 196281 号

出 版 人：姚丹林
责任编辑：蒋先润
责任技编：许伟斌

出版发行	广东经济出版社（广州市环市东路水荫路 11 号 11～12 楼）
经销	全国新华书店
印刷	珠海市国彩印刷有限公司 （珠海市金湾区红旗镇永安一路国彩工业园）
开本	730 毫米×1020 毫米　1/16
印张	12.5
字数	175 000 字
版次	2017 年 11 月第 1 版
印次	2017 年 11 月第 1 次
书号	ISBN 978-7-5454-5756-8
定价	42.00 元

图书营销中心地址：广州市环市东路水荫路 11 号 11 楼
电话：（020）87393830　邮政编码：510075
如发现印装质量问题，影响阅读，请与本社联系
广东经济出版社常年法律顾问：胡志海律师

PREFACE 序言

没有绩效管理就没有现在的华为

互联网时代，很多传统行业被逼入生存的死角，但仍有一家公司一直坚持着龟兔赛跑永不放弃的精神，从跟跑到超越，最终实现了领跑，这就是华为。2016 年《财富》杂志发布的世界 500 强排行榜，华为排名飙升到 129 名。世界品牌实验室发布的 2016 年“中国 500 最具价值品牌”，华为排名第 6。作为一家素来低调的企业，一直以来华为都是非常神秘的，它的成功更让大众充满了解读的欲望。

华为的成功离不开绩效管理，长期以来华为的绩效管理坚持“三定两一致”的原则。“三定”是以职位价值定工资、以任职资格定晋升、以工作绩效定奖金；“两一致”是关键绩效考核指标与战略分解相一致，劳动态度评估与文化、价值观相一致。

绩效管理是华为经营管理中的重头戏，促进了华为战略目标的有效落实，同时绩效管理还能通过对华为战略的层层分解，使华为内部员工的个人目标和企业目标有效结合起来，发挥出综合效力。

所有的企业都在谈绩效管理，但是如何制定绩效并进行科学的管理，却是困扰企业的一个难题，毕竟成功的绩效管理并非只是通过几个表格、几个制度、几项考核就能实现，而是一个管理体系，是对企业、部门和员工进行考核的科学依据。

华为是如何打造自己的绩效管理体系的呢？

1．制定目标。

很多企业的员工都知道，理清思路是战略问题，而战术问题则是在接受任务后先拟定一个可实施的工作思路，确定之后再去思考自己该用什么方法去做，同时还需要准备什么工具、材料等。华为人非常清楚战争中只有先把战略问题搞清楚，战术才能为战略目标服务。

因此，让员工成功把握住每一个可实现的短期目标促使华为快速壮大。也正是因为华为更加专注于员工所走的每一个小步子、每一个短期目标，懂得给大目标进行分层和切割，去设置各种短期目标。让员工工作的积极性更高，企业的发展越来越好，因为员工坚持这样做，就能让自己每天做一点，那么每天就能完成一点，甚至超越一点，等到实现自身的所有短期目标，就会发现自己已经完全可以顺利完成最大的那个目标了。

2．绩效辅导。

华为针对员工在绩效考核中的表现，会进行相应的团队调整，这也是华为绩效辅导和其他企业最大的不同所在，通常，绝大多数企业都着重强调员工必须要进行自我调整、最大限度地去适应团队、将自身完全融入团队中去。虽然华为也强调团队融合的重要性，要求员工适应团队，搞好团队协作，但是华为并非呆板固执地死守这一点，当员工因为所在团队因素而导致绩效不甚理想时，华为会有针对性地对员工进行团队调整，以期使每个员工尽可能在自己最擅长的领域、最喜欢的环境中工作。

3．绩效评价。

华为规定：不管是绩效目标的设定还是考核都要以客户需求为基础。也因此，客户的满意度成了华为绩效评价的标准。德鲁克在《管理的实践》中强调企业的使命不管是过去还是现在都是“创造客户”。华为如此设置绩效评价，是为了保证企业的绩效永远是符合客户价值的，永远不会背离“企业的唯一使命”。

4. 绩效反馈。

反馈其实并不是一种抽象的、理论性的或有争议的行为，而是一种非常个人化的行为，与被评价人的相关度很高。对不少企业的管理者而言，为自己的下属员工做绩效考评是件非常令人头痛的事，其中最让人感觉到无从下手的便是绩效反馈阶段的沟通与指导。华为在这一点上做得非常到位，顺利地掌握绩效反馈中的小窍门，顺利地激发出员工的主观能动性，让其明白自身的优势与不足，从而为将来的进一步改进与发展打下基础。

除此之外，华为在打造绩效管理体系时还运用了绩效工具、绩效沟通、绩效考核方式等，着重强调按价值贡献，以此来拉大人才之间的差距，同时给火车头加满油，这让华为这辆列车跑得更快更稳。之所以华为的绩效管理机制能够有效激励员工、提高员工工作绩效，主要依靠的是“优胜劣汰”这四个字。

对此，任正非曾说：“华为不养懒汉，价值分配更多地向雷锋、向高绩效者倾斜，拉开先进与后进员工之间的薪酬差距，通过这种差距，激励后进员工努力奋斗。”

CONTENTS

目录

第一章

绩效管理：华为屹立不倒的“第二面墙”

经历了2008年金融危机的“劫后余生”后，任正非决定自向挥锤，砸掉华为的“第一面墙”——部门墙。因为这面墙使得华为内部资源调配不到位、研发周期缓慢、实施步调不一致，最终导致很多事情无法正常开展。砸掉这面墙之后，华为在参考各大企业绩效管理的基础上，依靠自己的专家队伍建立了自己的绩效管理体系。从此华为的这“第二面墙”——绩效管理，始终屹立不倒。

华为不仅追求境界，同时又最懂得华为人内心中现实的一面。依靠这种绩效管理，华为顺利地激发出了上到高层管理者，下到基层员工内心的自豪感与事业心，也让他们通过劳动获得了经济和人格上的独立。

缔造高素质、高团结的队伍是华为绩效管理的目的

绩效通常情况下是作为组织和个人的成果和价值体现出来的，因此其代表了组织活动和个体活动的全部意义，不管是对于组织或企业，还是个人来说，绩效都有着不可替代的重要性。

管理大师德鲁克认为：目标管理到部门，绩效管理到个人，过程控制保结果。也就是说绩效管理中最难的部分就是其落实程度，这也是企业目标管理的核心内容，这一点，华为可以说是企业中的标杆。

对于绩效，华为总裁任正非是一再强调的，他要求华为人创造高绩效的企业文化，将绩效文化视为华为的生存之本和发展之源。简单地说，华为绩效管理的目的就是将公司的目标使命化。也就是说，华为有多成功其主要取决于华为内部的每一位员工在多大程度上实现自己的工作目标。

保证企业内每个员工的能力都能实现绩效目标

在华为，绩效管理通常指的是管理者与员工之间双方的共赢：第一，企业的管理者就目标与员工达成共识，之后加强员工成功达到目标的管理方法；第二，企业强调结果导向，重视最终达到目的的过程和特别强调沟通、辅导及员工能力的提高；第三，重视管理者的绩效，以及部门和流程的绩效。

绩效管理的最终目的是通过个人绩效目标的实现来完成企业的总体战略目标。在华为公司，其指定的考核规定：“对不胜任工作的员工，应该安排培

训以促使其业绩改进，或者调整岗位。如果培训或换岗后仍不能胜任的，才进行淘汰考虑。”也就是说，华为的绩效管理是真正从员工内在的方面进行管理，通过利用员工的能力、责任、贡献等核心的绩效标准，再加上相应的评价手段和价值分配机制，直接将员工的个人需求和利益与公司的目标捆绑在一起，从而顺利地将公司的目标内化为员工个人的使命和责任。

在创立初期华为也曾因为出现执行效率低下而导致公司陷入危机中。管理者紧急召开会议，成立专门的调查小组，访问华为内部员工，最终找出了出现这个问题的症结，原来是因为不少员工在接领导分配的任务时，完全没有想清楚自己到底该做什么、应该怎么做，心里没有任何的标准，只是一味地要求自己要卷起袖子、埋头苦干，最终导致执行效率低下的问题出现。

针对这种情况，华为的管理者与员工之间都展开了一次自我反省，寻找工作的不足。最终，管理者决定更改自己工作中的不足，在之后给员工布置工作时做到清楚交代具体事项，并且说明工作标准和需要员工完成的期限。而员工则在接到工作后，想清楚自己需要怎么做，之后再展开行动。

“末位淘汰”打造高素质团队

在企业发展中，华为敢用“筛子”不断淘汰劣才的手段是很多其他公司都做不到的，这也是其在绩效管理中最突出的一点，这其中最著名的就是华为所采取的“末位淘汰制”。

“末位淘汰制”（见图1－1）简单地说，就是针对华为员工的工作绩效，华为根据自身所实行的绩效指标体系进行考核，然后根据每次考核的结果，直接把得分靠后的员工淘汰出局的管理制度。它的目的是用来挤压队伍、激活组织、鼓励先进、鞭策后进，形成选拔领袖的一种方式。

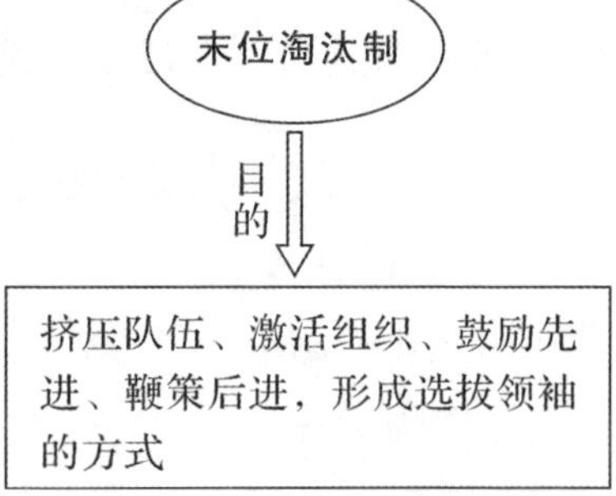

图1－1 末位淘汰制的目的

华为一直以来都提倡能上能下，严格要求，要在实践活动的大浪淘沙中，不管资历深浅，要把确有作为的员工放在合适的岗位上。因此，华为将末位淘汰融入日常绩效考核工作体系，实现了末位淘汰日常化。

华为的末位淘汰制度并不是针对基层员工的，而是针对行政管理者，主要强化落实对干部群体分层级的末位淘汰，不是做“面子功夫”，而是下定决心抓好对年度排序在后10%的中基层管理者的末位淘汰。也就是说，华为的每个小团队的管理者如果绩效不过关，很容易被免职，或者是调整到其他适合的业务岗位上去工作。

这种末位淘汰立足于绩效，坚持用数据说话，只要是不合格的干部就必须要清理，而且要和员工末位淘汰一起形成制度和量化的方法。也就是说，在华为，立足于未来，逐步把不合格的干部清理和员工末位淘汰工作融入日常绩效管理工作体系中，以便于形成一体化的工作模式。

华为以有效增长、利润、现金流、提高人均效益为起点的考核，只要是不能达到华为所要求的人均效益提升改进平均线以上的，不管是团队负责人，还是产品线、地区部、代表处等各级的一把手，都是要被问责的。而那些在超越平均线以上的部门，华为更是对正利润、正现金流、战略目标的实现进行排序，坚决采取对高级管理干部进行末位淘汰的方法。任正非说：“我们要坚定不移地实行末位淘汰制，不淘汰，你就可以得到更多的利益，我们不能让你坐享其成，责任和权力、贡献和利益是对等的，不可能只有利益没有贡献。”

真正绝对的公平在这个世界并不是真实存在的，总是会存在差异的，因此，华为流传着一句话“烧不死的鸟是凤凰”，这同时也是华为人对待委屈和挫折的态度和挑选干部的准则。在华为人的心目中，如果一个管理者没有一定的承受能力，那么他无论如何也不能挑大梁。生活的评价是会有误差的，但绝不至于黑白颠倒，差之千里。要深信，在华为是太阳总会升起，哪怕暂时还在地平线下。

除此之外，华为人始终认为建立科学的评价制度是想要更科学地分配利益的基础。很多时候，企业只有通过公正的分配制度，才能给予不同价值贡献者们不同的回报，之后通过回报体系的设计，顺利地激励出内部员工的价值创造行为。正如我国社会主义现代化改革的总设计师邓小平所说：“制度好可以使坏人无法任意横行，制度不好可以使好人无法充分做好事，甚至会走向反面。”

总而言之，活力是组织之魂，惰怠是组织之癌。我们要打造一支高绩效团队，唯有不断激发组织的活力。

延伸阅读

华为从创立至今始终非常重视绩效制度建设，促使各部门之间能够互相制约，破除人为干扰的未来。

基本上是：

1. 绩效考核体系。
2. 职位评价体系。
3. 任职资格体系。
4. 累计贡献回报体系。
5. 能力评价体系。
6. 态度评价体系。

总而言之，华为宗旨就是让雷锋不吃亏、让小人不得志。所以，华为用制度培养雷锋，让偷懒者受到惩罚。

打破部门绩效墙、优化组织团队绩效

在很多企业中都存在着这样的情况：绩效考核设定之后，各部门之间往往会出现各人自扫门前雪的情况。

举个例子：华为确认了一年的销售任务，等到公司内部的各个部门分完之后，大家就会各管各的，会直接忽略掉公司后端的生产、供应链还有交付平台等，直接造成现有的能力不一定能满足全公司的需要。到了这个时候，各部门之间就会开始进行大部分资源的争夺，造成更多部门因为资源不足而出现很多问题。

虽然公司可以从管理机制上对出现这样的问题进行管理，甚至可以直接要求公司内的员工们要有一定的大局观，不要去争夺资源。甚至还可以加强后续的各种交付能力、生产能力、物流能力的建设。但是，这只是会稍微减少一些争夺，等到关键时刻，大家还是只关注自己的目标，激烈地进行争夺。为此，企业必须想一些好的办法，争取能够打破部门之间的绩效墙，顺利优化自己的团队组织绩效。

“戴帽子”和“拧麻花”

通常在华为，如果出现了上述情况，会有这样几种解决方法：

1. “戴帽子”。

华为通常会把公司的任务分解给区域和产品线，把公司的目标设置为统一的要求直接放到每一个产品线和每一个区域上。就比如华为这一年要销售400亿美元，那么这个目标就会占到公司内每一个产品线、每一个区域20%的权重，如果公司完不成，那么全部的员工就完不成，收益都会跟随着往下降。

这样做的目的是为了能够把大家的利益捆绑在一起，但是弊端也非常明显，那就是只要大家的心往一处想，一起努力就是一起收益，但是如果一个员工出现了“我不努力，公司的效益不好，损失是均担的”思想，那么公司依旧不能保证收益和各部门之间的互相争夺。

2.“拧麻花”。

一个人跑到上帝面前，问上帝：“天堂和地狱的差别在什么地方?”上帝带着他分别到天堂和地狱去实地观察。先去的是地狱，地狱内的景象是：大家围着一个有着很多好吃的超大的锅，每个人手里是发的一个长长的汤勺，这把勺子有一米多长，每个人只能拿一个头，而且用来舀吃的那一头又非常小，所以每个人都是使劲撑着这把大汤勺慢慢地把舀的吃的缓慢地转过来往嘴里送，但是过长的把柄和摇摇欲坠的勺子，往往是还没转到嘴边就全撒了。结果很明显，地狱里的每个人都吃不饱，一个个饿得面黄肌瘦。

之后他们又去了天堂，这个人看到天堂的景象时大吃一惊：和地狱一样，大家都是一样围着一口装满了好吃的大锅，每个人手里也同地狱内的人们一样有一个长长的柄，小小的头，唯一不同的是大家不是自己舀喂自己，而是之间互相配合，舀起来喂给身边或对面的人，对方再舀起来喂自己，这样一来天堂内的每个人就都能吃饱了。

华为采用的是天堂的做法，把公司内产品线和区域一起分解目标，同时还给予相应的“奖金包”，这就使得产品线在推广自己新产品时，能够向区域设立奖金包，等到区域拿到奖金包后就有了推广新产品的动力，而且区域还会向产品线要求加强产品的某些方面的要求。简单地说，就是设定一个共同的奋斗目标。然后不同的部门之间有奖金包可以作为互相交叉的激励机制，这被称为“拧麻花”，而且很多时候这个“麻花”上面华为还会撒点糖让它吃起来可以有点甜味。华为就是通过这种方式，使得内部各个部门之间形成了合力，从而顺利地解决了很多企业在绩效管理里面长期存在的互相争夺资源问题，优化了自身的组织团队绩效。

绩效管理就是管理者和员工之间的共赢

绩效管理并不是简单的任务管理，其主要强调管理者与员工之间的沟通、辅助和员工能力的提升。华为针对这点有如下做法：

1. 以商品化为导向，以 PDT（Product Development Team 产品开发项目）模式打通部门脉络。

任正非在《华为的红旗到底能打多久》一文中指出：“紧紧抓住产品的商品化，一切评价体系都要围绕商品化来导向，以促使科技队伍成熟化。我们的产品经理要对研发、中试、生产、售后服务、产品营销等负责任，贯彻沿产品生命线的一体化管理方式。这就是要建立商品意识，从设计开始，就要构建技术、质量、成本和服务的优势，这也是一个价值管理问题。”任正非强调华为的工作开展及绩效评价都要以商品化为导向。

首先是将公司所拥有的技术转化为商品，以此获得应有的市场价值，同时利用技术进行市场驱动。比如，华为来自于不同部门的 PDT，只有一个目标——满足市场并实现盈利的产品开发。

其次是综合公司内部各部门之间的优势，发动所有部门内的员工以商品化思维去工作，顺利地占领市场。比如，华为项目经理制所构建出的动态组织结构形式，在华为内部管理无数个蚂蚁般灵活的小团队，能够在面对市场机会和客户需求时快速做出反应。

最后就是所有公司都会进行结果评价，毕竟一个部门，甚至是其中的一个员工，如果没有效率，哪怕努力到死都不会有成果，这样的工作对公司来说都是有害无益的行为，所以企业要以商品化为导向，同时还要顺利地打通各部门之间的脉络，这就需要公司以 PDT 为模式，才能在满足市场需求的同时快速实现盈利。

每个 PDT 的下面都是能够细分为多个项目组，也就是说人员是随时可以进行更新的，这样有效直接对不同层级或是不同时段的工作负责，从而顺利打通部门脉络。

2. 应对需求，建立绩效机制。

绩效管理说到底主要目的是对哪些对象进行管理，所以，华为围绕这个组织的基本逻辑设置流程和组织。不管在任何时候，企业进行绩效管理的时候有四个类项必须要管好，分别是流程绩效、组织绩效、岗位绩效和员工角色绩效（见图1－2）。

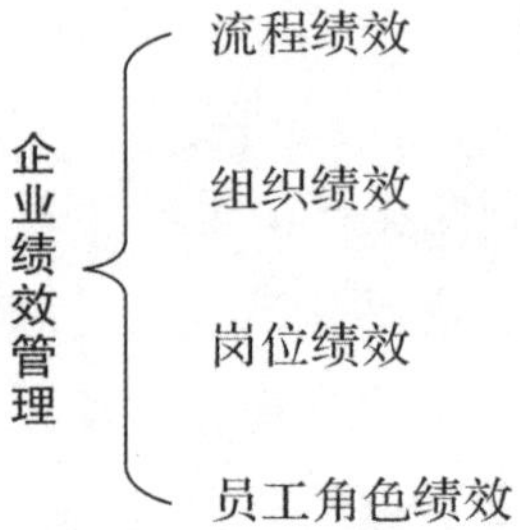

图1－2　企业绩效管理的分类

（1）流程绩效。

在流程绩效中，流程是非常重要的，因为如果流程不好，那么绩效就出不来。所以流程的绩效、流程的KPI这些东西是非常重要的一个考核。华为认为只有先找到问题，然后找到根因，再找到解决措施，最后才能解决问题。流程绩效的核心就是一个：还原这个事情的本质，还原以后该是谁的，就是谁的。循此道理可知，流程绩效的核心是要反映业务的本质。

曾经有人问丰田，你们为什么大量使用机器人、机械手？丰田给出了这样的答案：“我的第一诉求不是省人，哪怕人没有成本，也做不出来机器人的质量，机器人的效率特别高，不良品率极低。”这也就是说流程能让企业的业务运作上一个大台阶。丰田给人的启示是：应对马拉松式激烈残酷的竞争，需要用流程系统去海量解决简单重复枯燥的事。

（2）组织绩效。

除了流程绩效外，在华为内还有一个部门绩效，它们统称为组织绩效，简单理解一下：公司不是管一个人的绩效，而是要管到一伙人。职能部门的工作多而琐碎，难以直接衡量。华为的做法是能量化的尽量量化，不能量化的通过指标转化实现量化。同时为职能部门设计明确的考核标准，再配上整个业绩管理系统的配套设计，从而促使职能部门有了明确的、可量化、可衡量的考核指标，当职能部门通过考核系统开展运行后，企业员工的工作激情将得到提升，企业也会因此而迈上可持续发展的快车道。

所以，只需要把组织的绩效和流程的绩效管好，那么这里面的每一个小单元的绩效也就不会差了。

（3）岗位绩效和员工角色绩效。

当组织绩效搞好后，华为公司还有岗位和员工角色承担的绩效需要进行有效落实。很多时候，有些企业一讲到管理，基本上就是给内部的每个员工都设定相应的目标。但是都没有想到过在组织绩效没有完成的情况下就直接开始考虑这些有什么意义？答案是没有意义。所以说，华为的做法是先把组织绩效搞好。

只有组织绩效搞好了，才说明整个公司的员工都是齐心协力、互利共赢，是朝共同的目标努力的，然后扬长避短，在组织中发挥各自的优势，最终整个公司所向披靡。

延伸阅读

华为一直以来都是以身践行，逐步明确公司的绩效管理机制，现在大体可以把华为绩效管理发展历程分为三段：

1. 人事考核阶段：1995—1997 年。

这个时期的华为将考核作为一个单一的过程，其主要目的在于强化管理意识，推动管理理念的普及，进而提高管理水平。考核内容包括工作态度、能力和业绩三个方面，没有全部推行，而是先在市场部进行试点。

2. 绩效考核阶段：1998—2001 年。

这个时期的华为已经将考核作为绩效评价的工具，目的在于强化成果导向，推动员工务实，不断提高工作水平，考核内容以绩效为中心。

3. 绩效管理阶段：2002 年至今。

这个时期的华为绩效考核是一个管理过程，推动员工在目标指引下自我管理，形成自我激励和约束机制，不断提高工作效率。将考核作为目标导向，增加了跨部门团队考核的新内容。

华为绩效管理六字箴言：公平、公正、公开

在华为，绩效管理取决于两点：管理者的能力和科学的绩效考核体系。任正非说：“只要有强烈的主人翁意识并努力工作的人，给他们配股，将他们变成华为的主人。只有够主人资格的人才能享受主人的待遇。”

华为绩效管理六字箴言：公平、公正、公开（见图1-3）。据此，华为设置了考评机制和激励机制，教导华为人在工作中要做到踏踏实实、认认真真。

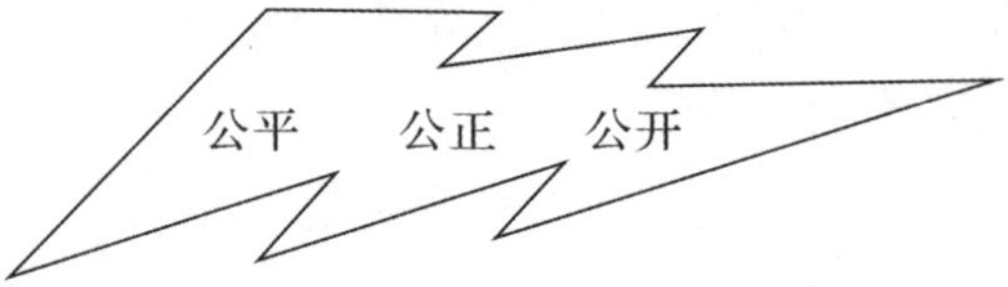

图1-3 华为绩效管理的六字箴言

多劳多得，不以岗位论英雄

很多企业直到现在还是喜欢根据职称之类的来分辨内部员工身份，发放相应的工资和福利待遇，而华为则是从薪资账户来分析的。

2009年，华为受当时世界金融海啸的影响，公司整体环境略差，同时成长幅度更是减弱，员工们感到最大的变化是虽然自己的底薪没变，但分红严重缩水。等到隔年，当华为的净利创下公司历史新高后，员工们的分红就超

过前一年的1倍。由此可看出华为是把公司的利益与员工的个人利益紧紧绑在一起的。提倡多劳多得，而不是像很多公司那样以岗位论英雄。

因此，在华为，即便你可能只是一个外派非洲的基础工程师，但是如果你能帮华为服务好客户，哪怕只是争取到一张订单，你的年终奖中就能获得公司给予的配股额度，以及年终奖金总额等，而这些零零碎碎的加在一起很有可能会比一个坐在办公室内绩效未达标的高级主管还要高。

在华为，员工最被看重的是实际工作能力和贡献，所以说，华为员工只要实事求是地工作，而不是口头赞成效力，那么就一定会获取公平公正的绩效成果。华为绩效管理的标准：“基层骨干员工是看劳动态度和敬业精神，关键看他是否能干好本职工作，是否能多打粮食，是否适应在这个岗位上继续工作。”

不让“雷锋”吃一点亏

华为自公司起步以来始终提倡绩效考核的“公平、公正、公开”，进行绩效管理考核的主要目的是保证华为的每一个员工做出贡献之后都能获得相应的回报。和其他公司有些不同的是，华为的绩效考核体系和薪酬福利体系是二位一体的，之间有着千丝万缕的联系。

任正非说：“华为企业文化建立的一个前提是要建立一个公平、合理的价值评价体系与分配体系。”1995年，华为在进行改革的时候，直接把绩效考核作为一个管理过程，想要通过循环不断的“PDCA”过程使得业务工作与考核工作紧密结合起来。因此，针对员工的工作绩效的考证就把重点放在了绩效的改进上，针对员工的工作态度和工作能力的考评把重点放在长期表现上……总而言之，华为的绩效改进考核目标就是必须可度量且重点突出的。自从有了这套考核机制，华为的奖金分配就有了公平的依据。

总之，华为对于奉献的员工都会给予回报。正如任正非所讲的那样：“我们崇尚雷锋、焦裕禄精神，并在公司的价值评价及价值分配体系中体现，决不让雷锋们、焦裕禄们吃亏，奉献者定当得到合理的回报。”

延伸阅读

华为在设置绩效考核的时候，为了保证考核的权威性，专门设立了薪酬与考核委员会。这其中包括：一名主任（授权总经理），一名召集人（人力资源部经理），执行委员六名，再加上特邀的一至两名顾问。

作为公司中高层领导个人及部门级绩效考核的最高领导机制，华为设置的这个委员会必定是公司董事会领导下的专业委员会。主要职能包括：绩效考核政策的制定与调整；部门考核结果的最终审批；重大绩效投诉事件的处理。

绩效管理体系的科学性最重要

绩效管理体系是企业人力资源管理体系中最重要的组成部分之一，华为在进行绩效管理时始终认为要想更科学地分配利益，就必须建立科学的评价制度。也就是说，企业必须通过公正的分配制度，给予不同的回报给不同价值贡献的员工。

绩效管理强调责任、使命和能力的综合平衡

在华为，绩效考核机制一般包括三个方面：

1．责任结果导向、关键事件个人行为的结果评价考核。

关键事件法是华为对员工进行劳动态度考核时经常使用的，主要作用是员工的工作绩效不再单纯依靠部门主管的打分，而是利用关键事件来判断自己是否有好的考核。

所谓的关键事件法，通常指的是公司对员工在工作中的表现，不管是成功或失败的事件进行分析和评价，考察员工工作绩效的一种方法。关于员工工作中做的事情都是由主管记录在案的，而且这些记录会直接作为绩效评定参考的依据。

举个简单的例子，在华为，如果一个员工说：“我特别有责任心。”那么主管听完之后就要拿出有关于这名员工的关键事件记录，如果发现某年某月某日交给他的一个任务，他给忘了，之后造成一系列的后果。这些所能体现出的就是该名员工没责任心的事件。这其中所展现的关键事件法，就作为该

名员工的考核内容。

2. 基于公司战略分层分级述职，即 PBC 承诺和期望绩效的完成程度。

PBC，即个人绩效承诺，是目标管理的工具，这也是作为绩效考评有力的手段。这样企业就能在确保目标一致的情况下，明确重点和激发潜能，为绩效评估提供依据。这个结构囊括了三点：牵引员工关注团队目标，凸显员工个人价值，以及充分认识自身能力短板，找寻到机会予以突破。

任正非说：“只有坚持数年，我们才可能产生一个合理的价值评价体系。希望考评体系天然合理，是一种幼稚的思想。各级管理干部都要去坚决推行，在推行中去改良、优化。在推行中，加强各专业干部的建设，提高管理的力度与深度。”

所以，从 1997 年开始，华为就全面推行干部考核与员工计量工作制，并且要求员工考核要按能力、业绩及贡献来区分，合理地安排员工的报酬。同时考核一定要完善价值分配的基础，对于所有的华为员工都要一样，在成绩面前人人平等。虽然当时可能华为的考核制度还不够完善、准确，但是华为依旧坚决要推行这种方式，而且华为还专门设了一个硬性规定：拒绝考评的干部，公司将拒绝对其提升。

3. 基于各级职位按任职资格标准，考核员工实际能力是否达到任职要求。

华为绩效考核评价过程中，不仅业务部门有评价权，同时人力资源体系也要有建议权、主管要有审核权，这三权共同协调配合，再基于各级职位按任职资格标准进行考核，从而顺利地考核出员工的实际能力。

绩效和素质都不能荒废

在华为，客户满意度是从总裁到各级员工的重要考核指标之一。而且华为还专门委托盖洛普公司对自己的外部客户满意度进行调查。同时强化对客户服务贡献的关注，所以，华为的客户需求导向和为客户服务蕴含在员工招聘、选拔、培训教育和考核评价之中。华为负责招聘的人力资源部人员这样说：“现在很多人强调技能，其实比技能更重要的是毅力，比毅力更重要的是品德，比品德更重要的是胸怀。要让客户找到感觉，这是我们公司一贯的要求和宗旨。”

所以，华为不招以自我为中心的员工，因为他们很难做到以客户为中心。

华为考察的侧重点也会对于不同层级的员工有着不同的标准，一般华为对于越高级的干部，越会关注其长期发展；对于基层员工，华为对其主要的关注是现实任务的完成和自我进步。也因此，华为着重实行了权重不同的长期、中期、短期利益的合理架构，以及与之相适应的激励机制。

除此之外，华为还明确规定要加强对员工的思想道德品质的考核，同时还要对员工的诚信进行记录。华为注重对员工责任心、使命感、团队精神、工作能力的考核，也对员工的思想道德品质进行评议，而且在考评的过程中还全面推行团队测评体系。

华为团队测评的核心理念是：“员工不仅要关注个人绩效，还要重视团队绩效。素质是绩效的前提和保证，高素质为创造高绩效提供了起点和可能。绩效和素质任一方面都不能偏废。光有素质，没有绩效，就可能造成部门的虚假繁荣；有好的绩效，没有好的素质，就无法带出一个优秀的团队。”（见图1－4）

概括成一句话就是华为通过强调责任、使命和能力的综合平衡，使每一个能够充分认同华为核心价值观的员工都能在华为找到合适自己的职业定位和发展通道。

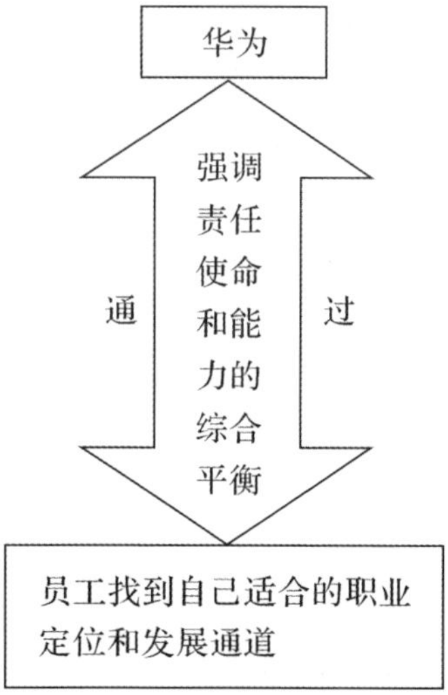

图1－4　华为绩效管理的核心

延伸阅读

华为人都知道，华为喜欢呼唤英雄，而且绝不让“雷锋”吃亏，同时本身也会创造出各种各样的条件以便让华为内部各路英雄脱颖而出。对于华为来说，不管是雷锋精神，还是英雄行为，其核心本质都是华为始终坚持的艰苦奋斗作风。所以在华为工作，只要华为人能够一丝不苟地做好本职工作就是奉献，也就是华为人挂在嘴边的“雷锋精神”和“英雄行为”。

1997 年，任正非诠释“英雄”为“一种集体行为”，他说：“当代中国更迫切地呼唤英雄的群体，华为青年应该成为这样的英雄。”等到了 1998 年，任正非又说：“华为人不做昙花一现的英雄，要做长久的雷锋。”

华为绩效管理是建立在价值链之上的

众所周知，在《华为基本法》里，企业价值链是华为真正关心的思想。像华为现在的人力资源体系和绩效管理体系都是建立在价值链基础之上的。华为企业价值源泉就是华为人创造的价值。这其中涉及的第一步是有关招聘、资源的调配；之后就是价值创造，也就是华为员工工作业绩的创造，目标的完成；等到价值创造完成之后，就需要进行价值评价了，华为员工创造完这些价值，完成这些工作后，最后需要进行绩效考核；考核完了之后，就是价值分配了，华为要根据每个员工的贡献度，来分配利益。

华为绩效考核中实施强制分布原则

在绩效考核中，华为和现在很多企业一样，都实施强制分布原则，用来优化企业内部人力资源架构。一般来说，绩效考核都是按照企业员工比例来固定分配的，通常分为 ABCD 四个档次，占企业员工总数 A 档次 5%、B 档次 45%、C 档次 45%、D 档次 5%。D 档次一般被视作最后一档：待查。

按照这种考核模式，华为三级主管以下季度考，中高层的管理层员工半年需述职一次，同时在考核的时候，还要设定下季度的目标。除此之外，华为的绩效考核还与一般企业存在着不同，那就是华为的绩效考核不仅仅是对员工进行增压奖惩，也不是为了裁员，而是为了通过考核把员工都放在适合的岗位上，保证每个员工的能力都能得到发挥。

因为在一个企业，最害怕出现的就是评价机制失衡。举个例子：大家应该都听说过大锅饭，当一家企业吃大锅饭时，很容易就会出现人心涣散的情况，从而导致该企业内的员工竞争乏力，很难形成抗衡同类企业的竞争力。所以说，对于一家企业来说，评价机制一定要融入自身的血液中，让有才能者上，让庸者下，为贤能之人提供机会，保证企业集体的清洁，同时也要在企业内部形成一定的压力机制。

对于企业的股东来说，因为其作为投资者，所以理应获得回报。员工也为企业做出了巨大贡献，所以说，企业要保证其都能获益，这样做的话，企业才能不断产生动力。之后将一切的回报归股东和员工，大家一起共同富裕。这也正是华为的最伟大之处，让华为的员工和企业一起享受利润。

图 1-5　企业和员工共享利润

华为非常重视干部的培养

任正非说："华为的干部如果绩效目标完成不了那就拿掉。"因此，华为的员工平均 29 岁，而且华为的干部管理机制让华为越发展越有人才，构筑了强有力的人才密度，从而顺利地支撑起华为业务的发展。

华为非常重视干部培养和能力提升，因为华为的干部流动性非常大，再加上华为内部有很多干部都是跨了多领域进行发展的。这种类型的干部华为称之为资质型发展，所以，如果这种类型的干部处于华为内的关键岗位的话，就需要单独给他们进行新干部上岗的 90 天转身计划。

华为的这种干部机制来自于拉姆·查兰的理论，在他所写的《领导梯队》一书中有这样一段话：“一个人在职业生涯的发展中，从最初独立贡献者，到成为整个组织当中最高层、首席执行官，这个过程当中会进行7次转身，其中最关键的是从个人贡献者到一线经理的角色转变。在这个过程中，管理者的自我认知、能力和时间的分配，都必须要进行调整，才能够适应新的岗位要求。”

因此，华为非常重视对于企业内一线基层干部转身的过程，也据此开发了相应的基层干部在岗角色认知和实践的检验项目。不仅如此，这个项目里还会进行干部核心价值观的学习研讨、角色认知的研讨，通常这个项目每个华为的基础干部都会有一周的时间。在这之后，华为还会对基础干部进行半年的在岗实践，然后再进行一系列的述职、答辩之后，只有合格的干部才能够进行华为的岗位匹配。

除此之外，华为还有着一套非常独特的干部选拔方法。华为在进行干部选拔中有这样一句话：“猛将必发于卒伍，宰相必取于州郡。”就是说华为选择的干部一定要从基层一线来，如果员工没有基层一线成功实践的经验，那么该员工是不会被选拔成为华为的干部。而且华为的干部流动性非常大，一般来讲，华为的一个干部不到3年的时间就要进行岗位调整，而且华为提倡的还是干部之字形的发展。也就是说华为的干部不是在自己的领域里一直往上发展，而是在干部的周边领域发展。举个例子，如果是研发部的干部，那就需要到市场、到供应链，甚至还需要到采购部门等多领域进行历练，从而使得该干部能够对企业内的所有业务都熟悉和了解。

华为每年还会专门针对干部进行末位淘汰制，而且这个末位淘汰制还是分层进行的。在华为，基本上是高层、中高层和基层分层来淘汰10%的干部。也有人疑惑为什么要分层，这是因为如果说不分层的话，可能最后被淘汰的都会集中于基层中。因此，华为高层的干部同样也要实施淘汰制，该制度在华为是被强制执行的。

延伸阅读

华为的干部任用与其他企业有着很大的不同，能上能下。在华为，假如你做到了中高级的干部，哪怕之后你从这个岗位上下来，也丝毫不影响你在华为的股票分红。简单地说，华为内部干部都只是岗位的变动，和收益关系不大。这样一来，工资和分红一直都能拿，那么岗位的高低也就不会让很多人可惜了，毕竟上班升职说白了也是为了能多拿工资和分红。而且，华为招收的都是高知识分子人群。这样的一群员工，即便是不在华为工作了，出去发展也都会有保障，这也是华为人才密度带来的优势。

华为除了通常的管理线之外，同时还有着自己独属的技术线。也就是说，只要你是华为的员工，即便你做不到高级管理干部，也可以应聘专业领域内的高级技术人员，工资和分红与同级别的管理干部都是相通的，这样的职位相应的也都有保障措施。

在华为，绩效管理都是建立在价值链上，能者能上，庸者也能下。同时华为还实行了任职资格体系，为华为能上能下的职业通道打下了基础。

看不一样的华为绩效“铁三角”模式

基于《华为基本法》搭建起来的华为人力资源管理体系，有着人力资源管理的铁三角：价值创造体系、价值评价体系和价值分配体系。这三个体系综合起来构成了华为人力资源管理价值链，也成了华为人力资源管理的核心（见图1-6）。华为人力资源管理体系之所以比同类企业要有力量，是因为华为所有的人力资源管理实践都建立在人力资源管理价值链的铁三角之上，这就像金刚石一样呈空间三角排列。

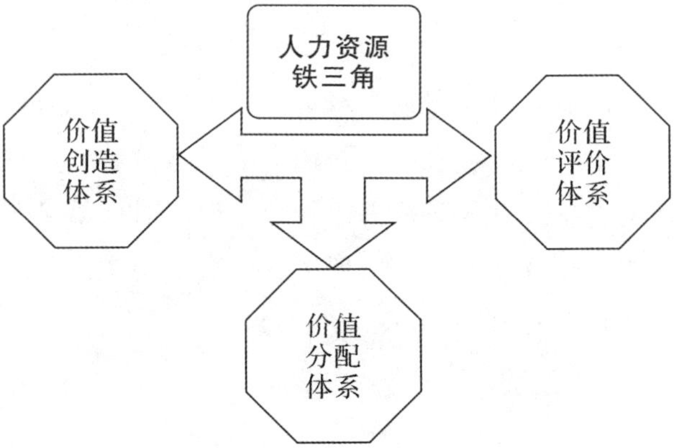

图1-6　人力资源管理铁三角

华为干部有着“三权”选拔程序

华为在进行干部选拔的过程中，采用的是三权分立的方式，这三个权利分别是：建议权与建议否决权、评议权和审核权、否决权和弹劾权。在华为，实际上就是把干部选拔的过程从提名开始，不论是由谁来发起建议，或是怎样进行建议，抑或是由谁来进行审核评议，由谁可以提出否决意见等。总而言之，华为都是利用这三个权利分别由不同的组织行使，然后互相制衡。

这里重点提一下华为的 AT（行政管理团队），在华为，各个管理层级里面都有这样两个组织，一个叫 AT，一个叫 ST（经营管理团队）。AT 组织内部的成员都是从 ST 中选拔出来的，当然这不是说所有部门的一把手都能够进入到 AT 中来，而是要在其中挑选出在人员管理方面具备比较强的能力和丰富经验的人来组成。

AT 组织的职权范围就是针对所有跟人的评价相关的工作来行使权利，比如干部选拔评议、调薪、绩效考核、股权发放等。在华为，建议否决权通常都是由日常直接管辖的组织的 AT 来行使，对于那些举证组织里面的这些部门，就是由他举证的另一方来行使建议否决权。

对于评议权和审核权，是由促进公司过程成长中能力建设与提升的组织来进行行使；而审核权则是由代表日常行政管辖的上级组织来进行行使。

否决权和弹劾权则是由公司党委来进行权利的行使。公司党委在干部选拔任命的过程中行使的就是否决权，而在干部日常管理的过程中行使的则是弹劾权，不过，党委在行使这个否决权和弹劾权的时候都是要有基础和依据的。也就是说，如果在这过程中，发现由各级员工的举报到经过调查核实后确定是这个干部有问题。

建设项目铁三角团队

为了彻底贯彻以客户为中心的经营理念，华为专门组建了跨功能部门的核心管理团队。这个核心管理团队是华为聚焦客户需求的一线共同作战单元，同时也是华为项目的铁三角团队。

华为项目铁三角包括核心成员、项目扩展角色成员和支撑性功能岗位成员。其基本作用是通过华为与客户的统一接触，从中承担线索管理到合同履行的职责，为了实现项目的高营利性，需要全面提升客户全周期体验和客户满意度。

华为建立的铁三角团队需要与客户组织进行匹配，同时还要能做到深入理解和梳理客户组织结构图，了解和熟悉客户的部门、权限、岗位、职务、运作流程，洞察到企业关键客户链和整理客户各项业务流程，顺利梳理出流程上的所有关键客户和角色。

客户经理要担任铁三角团队的第一责任人，同时华为还会让解决方案经理和交付经理全力协同其工作，这样一来就能有效保证三者之间组成一个三角形，而且三个角之间的距离相等，也就是这三者需要承担的角色责任都是一样的，从而能够顺利地根据项目发展的实际需要进行快速调整。

紧接着就需要这个铁三角团队内部做好角色转换工作。客户经理要从过去纯粹的销售人员开始向综合经营管理角色进行转变；解决方案经理也要由产品销售向综合解决方案销售开始转变；交付经理更是要由单纯的项目交付向对客户服务与满意负责的方向进行改变。只有做到了这些，才能最终实现与客户共赢。

除此之外，华为的铁三角团队还引入项目制授权，赋予项目铁三角相应权利，这样做可以有效增强一线决策层级，从而实现决策前移，保证快速响应客户需求，从而对应市场竞争。

除此之外，最重要的一点就是要让这个铁三角团队能够作为独立经营单元运作。而且华为项目铁三角运作团队就是在华为授予的权限和预算范围以内，可以说其自身能够具有经营管理、奖金分配、资源调度、相关重大问题决策、成员绩效目标承诺和关键绩效指标制定等重要权利，企业只有赋予了他们这样的权利，才能保证这样的铁三角制度能够有效落实以及发挥效力。

延伸阅读

华为进行绩效考核的时候，考核人应根据已设定的绩效目标和员工的实际表现考核每个员工的绩效。而且每年考核周期开始后，考核人都需要与员工进行共同商议，来确定员工的绩效目标。等到每个季度结束时，考核人还需要根据绩效考核等级来判断员工的实际绩效水平。因为等级过多的话就会出现加大考核工作的难度，所以，虽然当前很多企业都是在做五级考核，华为依旧坚持做四级，而且有着一些特色绩效管理特点，这包括：构建多层次评价体系；绩效指标体系化和数量化；以 KPI 为核心的绩效指标体系；从人评人，到制度评人；强调个人绩效承诺，注重绩效改进和辅导；强制分布的系统管理。

第二章

绩效目标：自我定位和整体定位结合的华为式绩效

《孙子兵法》曰："谋定而后动，知之而有得。"不管在做任何事情的时候，都需要设定一个目标，企业的绩效管理也是如此，如果企业进行考核的时候没有一个好的标准，也就没有一个明确的绩效目标，那么管理者就无法对员工的工作进行评判。

明确目标：每个华为人都有短期绩效目标

当你在工作时，如果目标不明确，那么不论你用什么方法去行动都变得无足轻重了，因为不管你用什么方法都不会成功。所以，华为强调员工在工作的时候，如果目标不清楚，那么就不要行动。

这就好比是上司给你安排了一项工作，但是这项工作到底要怎么去做、按照什么标准去做才算是完成，这些你都不清楚。在这样的情况下如果一接到工作就直接去行动，后果可想而知。

因此，如果你想成为一名优秀的员工，想有着完美的绩效，就需要你先明确工作目标。接到工作第一步最需要做的是去与你的上司沟通，明确自己的工作，而不是自己凭借主观揣摩上司的意图，然后盲目地去行动。

谋定而后动，知之而有得

《孙子兵法》曰："谋定而后动，知之而有得。"就是说，在处理一项具体的工作前一定要有正确的思路，如果思路不清晰，那么在处理事情的过程中不管你再怎么努力，也不可能取得高效成绩。

在华为驻广州的研究所里，曾经出现过这样一件事：当时，华为有一位员工，他是个急脾气，当有一次他接到任务后，急脾气上来了，只是简单地初步形成一个框架就立即动手去做。这导致在之后的工作中，他一直都在遭遇麻烦：当他需要某款软件时，发现自己并没有购买该软件；测试的时候发现设备少了几条电缆……诸如此类不胜枚举。

一直持续到最后，迫不得已只能动用一切资源，对该任务不断地调整和修补，最终才勉强过了关。看到该员工的表现后，所长非常感慨地说："做事之前一定要先理清思路，做好相应的准备工作！"

因为一个人只有目标明确，才会知道自己要走到哪里去，在工作中也是如此。明确的目标犹如一盏明灯指引着人前进的方向。如果一个人没有目标的生活和工作，那么人生就如同行走在黑漆漆的海面上，不知自己的生命之船将开往何处。

所以说，目标只有明确清晰才有指导意义，因为清晰的目标不仅可以维持和加强一个人的行动动机，还能让人少走弯路。俗话说得好："磨刀不误砍柴工。"华为的员工都是在理清工作思路之后才会进入任务，把自己所需要准备的工具、材料准备好之后再去行动，这样的做法虽然前期可能耽误一些时间，但行动之后就会一路畅通，快速高效地完成任务（见图2－1）。

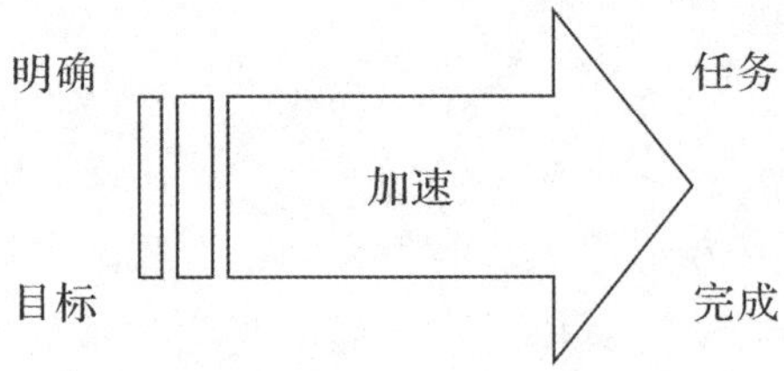

图2－1　明确目标能加速任务的完成

对于企业的员工来说，理清思路是战略问题，战术问题则是在接受任务后先拟定一个可实施的工作思路，之后再去思考自己该用什么方法去做，同时还需要准备什么工具、材料等。战争中大家都清楚，只有先把战略问题搞清楚，战术才能为战略目标服务。如今，华为人就是懂得了这个道理，所以才会在进行工作之前先明确目标，即使耽误一些时间也是很有必要的。

把握住每一个可实现的短期目标

华为能快速壮大的一个重要原因是因为其让员工把握住了每一个可实现的短期目标。也正是因为华为更加专注于员工所走的每一个小步子、每一个短期目标，华为才会这么顺利地走到所有人的前面去。

所以，要像华为人一样懂得给大目标进行分层和切割，去设置各种短期目标，这样能让自己每天做一点，那么每天就能完成一点，甚至超越一点，等到实现自身的所有短期目标，就会发现自己已经完全可以顺利完成最大的那个目标了。

简单举个例子：

就拿装修房子来说，如果在没有想清楚装修成什么样子的时候，就让工人急着施工，最后往往就会出现各种后续问题：装修的风格不对，格局好像不好，事后还需要返工，甚至要纠错等，这样修修补补下来，即便是再好的一套豪宅也会被弄得一团糟。所以，不管做什么都必须学会目标管理，给自己设置一系列的短期目标，把握住短期目标的实现。因为如果目标不清，那就是方法不清，即便是再埋头苦干也都是费力不讨好的，结果往往还需要返工，明显地浪费时间。

阿里巴巴集团创始人马云曾说："不要让你的员工为你干活，而让我们的员工为我们的目标干活，共同努力，团结在一个共同的目标下面，要比团结在你一个企业家底下容易得多。所以，首先要说服大家认同共同的理想，而不是让大家来为你干活。"因为只有当大家有着同样的目标和理想后，才会心往一处想，劲往一处使，然后朝着同一个方向奔跑前进。

"目标是最大的激励。"这是联想集团董事会主席柳传志曾说过的话。在企业管理中，要想实现目标，管理者还需具备的重要职责：设定目标、划分目标、分派任务。

日本"经营之神"松下幸之助认为在公司的发展过程中，员工如果能始终带着目标感去工作效率会更高。所以，在松下电器公司中，有一条高明的经营策略就是不断提出新的发展目标，员工在工作中始终带着目标感。

1955 年，当时在松下公司中，松下幸之助宣布了公司第一个五年计划：把当时只有效益为 220 亿日元的松下电器公司，用 5 年的时间发展成一个效益为 800 亿日元的公司。

把公司的发展目标定好后，松下幸之助还召开大会，要求大家把这个大目标分解到每一年当中去，于是该公司就有了年度目标。之后，他再要求把年度目标分解到每个员工身上，这样一来，每个员工都肩负起自己的责任。

管理者本身具有强烈的目标感，那么其下属员工在工作中就很容易被激发出激情。但是，如果管理者既不重视设定目标，也不重视未来规划，其下属的整个团队就将会陷入混沌之中，导致员工没有任何的清晰奋斗目标而不得不浑浑噩噩地在自己的岗位上度日。

所以，管理者一定要学会用目标法带领团队、指引下属去工作，把大目标分解成一些可以短期内实现的小目标，并给予员工目标实现后的奖励。这样一来员工就能把握住每一个短期目标，积极地投入到工作中，最终实现企业的大目标，推动企业更好地向前发展。

延伸阅读

绩效管理真正的核心是绩效辅导。通常来说，绩效理想的管理状态是“围绕目标的过程管控”，否定“只关注结果，不管过程”的管理方式。而且在进行辅导时，很多时候非言语信息比如赞赏、关注的目光，详细的筹备，以德服人等也是非常重要的。“认可”是重要的非物质激励。有关于绩效诊断、过程监控、数据收集等要非常重视，管理者要诊断阻碍员工取得绩效结果的因素。

管理者在进行绩效辅导中要注意：强调制度流程、操作指导书。同时在辅导时要关注目标，而不是仅仅针对关注问题进行辅导。然后针对焦点理论，将问题彻底进行清楚分析，并给出完成的方法，这样有助于目标的达成。

长远战略：长远目标是华为人长久的绩效追求

大多数人谈到绩效管理时，通常都会认为绩效管理就是战略实施的工具，只要通过绩效管理的工具就能够将战略目标层层分解和落实。从严格意义上来讲，现代企业很多还谈不到所谓的战略问题。由此引发出了一个问题，如果企业没有制定明确的战略，那么是否还能够推行绩效管理?

华为给出了答案。华为在创业初期的很长一段时间内，其实并没有完全形成一个大家常说的可以明确表述的战略目标，甚至到了华为发展腾起的2000年前后，当时的华为已经达到220亿元人民币销售额，这个时候，当有人询问华为的战略目标时，任正非说："华为没有战略，如果你一定非要问华为公司的战略目标是什么，我们的想法就是怎么样能够在激烈的竞争中生存下去，怎么样比竞争对手多活一口气。"任正非的这段话所表达的就是华为的战略目标，只不过不是通常意义上的，而是一个长远的战略目标：在现代激烈的竞争中生存下去（见图2－2）。

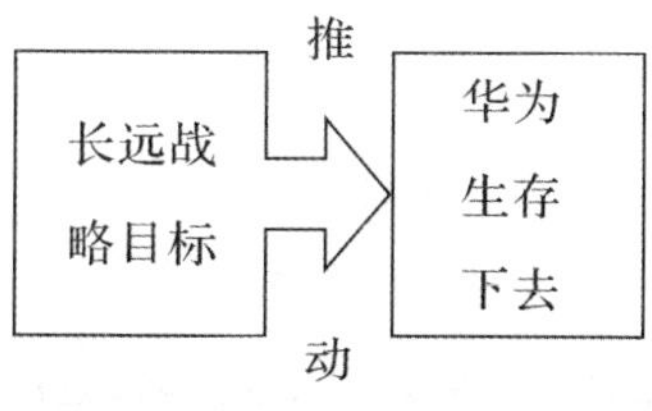

图2－2 长久战略目标推动华为生存下去

而且任正非还在讲话中提出了“我们将不得不走在成为世界第一的路上”这样宏大战略目标，这些都表明华为公司拥有长远的战略目标。

华为人长久的绩效追求

华为人长久以来的绩效追求是以客户为中心。在华为，员工们一直都秉着恪守战略产业的方针，对战略产业的专注形成了一种强大的力量。在《华为公司基本法》中，第一条任正非就表明了华为人的意志：“为了使华为成为世界一流的设备供应商，我们将永不进入信息服务业。通过无依赖的市场压力传递，使内部机制永远处于激活状态。”

2011 年利比亚战事爆发，当时的利比亚国内，许多欧美知名移动设备提供商纷纷在第一时间选择撤离，中国政府也快速安排出了专机接送在利比亚的华人华侨。当时在利比亚的华为员工知道自己需要面对严峻的人生考验，当时他们内心是煎熬的，到底自己是选择回到祖国家人身边，还是坚守在客户身边，很多人辗转难眠。

最终，华为的坚持文化战胜了自身的退缩心理，华为的不少员工选择了坚守，选择了以客户为中心，因为华为员工心中都知道这个时候网络和通信的安全与稳定对于客户的重要性，既然客户需要，华为人就要做好。因此，华为员工最终选择了留在客户身边，帮助客户确保网络和通信的安全与稳定。

因为华为人的这番坚守，当利比亚战事结束之后，华为在利比亚获得了远远超越竞争对手的移动通信设备订单。

对于企业来说，只要处在发展中，那么就是一个又一个目标被实现的过程。也就是说，在企业中，只要有目标就有绩效管理。华为就是根据这个理论一直都在抢占战略高地。因为通信行业的另外一个本质规律是“谁掌握了核心技术，谁就掌握了市场竞争的战略高地”。很多时候，唯有立于核心技术这个战略高地上，企业的发展才会如日中天，势不可挡。

华为近几年中高速发展，离不开《华为基本法》（根据任正非的思维因果，用统一的语言集中做的一次梳理，是中国企业第一个完整系统地对其价值观的总结，对中国的企业文化建设起到了很大的推动作用），《华为基本法》

作为华为解决特定历史时期具体问题以及理清未来思路的工具，非常清晰地为各个层面的华为人做出了行为定位，同时也为华为人的统一行动追求整体长远目标定下了基调。

绩效管理体系的构建需要一个较长的过程

企业建立起绩效管理体系是一个非常漫长的不断推进的过程，因为一个企业的绩效管理体系完善与否取决于诸多因素：基层员工是否能够承担自我管理的责任；中层管理者是否能够关注员工和帮助员工不断改进；高层管理者的管理意识和对绩效管理的认识程度等。

除此之外，企业从具备绩效管理的基本特点到真正实施战略性绩效管理也是需要一定的时间和周期的。毕竟，每个企业的基础和实际遇到的问题都会存在差异，所以通常需要几个完整的绩效年度来不断修正和推进，这些在很多成功建立了战略性绩效管理体系的优秀企业的历程也都印证了这一点。

华为当年就是以执行力强而著名的，华为在推行绩效管理时，还专门成立了绩效管理办公室，如果办公室主任推行不下去的话就会直接被换掉，就是这样，华为前后换了三到五任绩效管理办公室主任，才算是初步实现了华为绩效考核向绩效管理的转变。

任何企业要想建立起一个完善的绩效管理体系，必需设置一个长远的目标，就像华为一样，还要有长远的战略规划和具体的实践，这些都是需要时间去推行的。所以说，企业建立一个绩效管理体系是漫长的不断推进的过程。

延伸阅读

很多人一谈到绩效管理体系构建或者绩效管理提升的时候，大多数情况下都会按照这样的逻辑展开工作：依据战略的愿景和使命确定企业的核心竞争力要素，之后就是根据企业的核心竞争力来确定企业战略的具体目标，然后要在目标之下形成完成企业目标的关键流程，最后就是基于流程落实到具体的岗位和具体的绩效指标上。

总而言之，企业需要通过绩效指标的实现来推动企业关键流程目标的实现，然后再通过流程的作用推动战略目标的实现，紧接着树立核心竞争力，最终才能顺利达成企业的愿景、使命和价值观。这个过程也被很多企业称为战略具体化设计和战略具体化实施的过程。

自我定位：华为人对业务、对岗位的梳理和定位很严谨

对华为来说，绩效管理是自身增强战略执行力的一套方法，华为的绩效管理能够将个人业绩、个人发展与公司目标有机结合起来，然后在持续改善个人业绩和团队业绩的基础上不断改善华为的业绩，并且确保华为的战略执行和业务目标的实现。

对华为的各级管理者来说，要想有效提高自己的管理水平，减轻压力，就需要合理运用华为的绩效管理，然后建立起一种自上而下、层层分解的目标体系，从而促使自己下属的每名员工都能明确自己的工作重点、工作目标与方向，这样一来，员工就能以自己最有效的方式、尽自己最大的努力来做“正确的事”。管理者们也能因此确保员工的工作行为及工作产出与企业的目标一致。

对华为的员工来说，只有通过绩效管理中的绩效目标设定、绩效辅导、绩效反馈等帮助自己改善个人业绩，顺利地提升个人能力，最终实现个人职业生涯发展（见图2－3）。

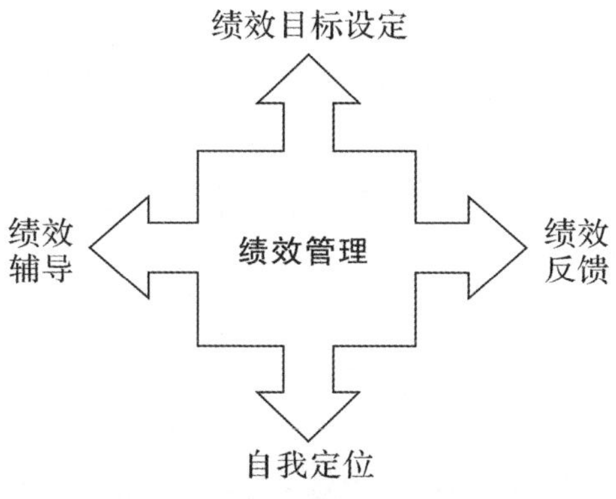

图2－3　绩效管理的内容

自我定位是绩效管理的核心

自我定位是绩效管理中绩效目标的核心，目的是通过提高员工的绩效水平来提高组织或者团队的绩效。

当初，华为刚刚起步时，任正非就义无反顾地把大量的资金投入研发。据资料显示，投入强度常年高达 10% 以上。不仅如此，华为甚至有超过 10000 人的研发队伍，每年都会有大笔的研发经费，其中 70% 都用于基于当前客户的产品研发。之所以要投入如此多的经费去搞研发，任正非这样说："华为有 5000 多项专利，每天我们产生 3 项专利，但我们还没有一项应用型的基本专利。"

不仅如此，华为还以研发本地化为先导进行全球布局。相比较其他一般公司只考虑中国区域内的研究开发，华为考虑的则是全球。对于华为来说，要完成产品的全球布局，第一步要做的就是要完成对知识产权和专利技术的全球化布局。华为就是循着这样的思路，不仅在国内，还在国际都建立起了诸多研究所，可以这么说，以技术研发的本地化来开拓华为的全球化布局，早已经成为华为的战略特色，华为也因此形成了以研发本地化为先导的全球化战略。任正非还曾在媒体上表示："我们从来没提过我们是民族工业，因为我们是全球化的。"

对华为人而言，"重视重要的工作""先做好那些重要的工作"，都是必不可少的工作管理中的重要步骤与环节，更是合理的任务分配与安排的依据。因此，在企业制定绩效目标时，自我定位是首先要做的。

绩效目标制定流程化

在华为，绩效目标的制定可以根据周期分为年度目标、季度目标、月度目标，甚至有的时候还有周计划，除此之外，也可以根据每个部门业务类型分为专项目标、管理目标和业务目标。任正非说："只有管理职业化、流程化，才能真正提高一个大公司的运转效率，降低管理内耗。"

在华为，不管是处于何种岗位上的员工在工作之前都必须制定详细的流程，而且要清楚标明流程中每个步骤：谁去做，用什么工具和方法做，这项工作主要是做什么，做出来之后要交给谁。

不仅如此，管理者还要明确员工工作中每个步骤的考核标准，之后还要定期开展严格的考核，这些考核的结果必须直接与部门和人员的绩效挂钩。制定绩效目标时也要如此，要明确自己的位置，也就是自我定位要做好。只有每一个人都会在流程中找准自己的定位，然后坚守自己的岗位去按流程工作，才会使得工作能够顺利完成。据说，在华为，每一个员工手里其实都有一张工作流程图，这样一来，每个员工都能够了解自己应该做什么以及怎么做，同时也明确自己所做的一切会对别人的工作产生了什么样的影响。这样一来，员工不仅能对自己的工作有着整体直观的了解，同时更方便进行自我定位，从而能对工作进行更为明确的把握。

除此之外，制定目标流程化后，也能及时得到企业制度的保障，而且也能积极引入企业的考核机制，从而形成企业制度化、规范化、职业化的工作体系。华为曾经将绩效目标流程化的工作比喻成盲人摸象，盲人摸象的时候，因为眼睛不能视物，用手去感知就会出现差异，像是有人摸到鼻子、有人摸到庞大的身躯、有人摸到眼睛、有人摸到的是象牙、有人摸到粗壮的大腿……只有将所有盲人的工作整合起来，才能够顺利完成摸象工作。而为了确保摸象工作的准确性，所以每一个盲人都必须按照特定的要求来完成自己的本职工作。制定绩效目标也是如此，既要受到制度的约束，同时也要注意与他人的配合，这样一来才能建成一个完整的流程工作体系。

延伸阅读

华为人力资源管理体系一直以来关注的重点之一是管理者自身的能力。针对管理者能力的提升，华为在整个考核过程中有针对性地对主管进行相应课程安排和培训，以确保主管能够对考核精神彻底理解和顺利执行。培训完成后的管理者能够在分解目标、管理下属目标，甚至是过程管控与纠偏、培训与辅导下属的过程中，都能很好地提升人员管理的能力。

总而言之，绩效考核和评价实际上在考核员工的同时，也是在考核管理者的管理能力，假如管理者不能有效管理部门绩效，那么，管理者就会面临诸多问题，甚至可能影响管理者自己的职业发展。

绩效承诺：个人定位与周边部门协调落实业绩承诺

华为的绩效经历了从绩效考核到绩效管理两个阶段的演进。刚开始华为在绩效考核阶段时，绩效是考核内容的中心，同时华为还以结果为导向，有效提升了员工的工作能力。等到了绩效管理阶段，考核成了华为绩效中的一个环节。这个时候华为是以目标为导向，促使员工在目标的牵引下实现自我管理、自我约束、自我激励。从华为对结果的关注转为向对过程的管理和控制之后，华为的整体绩效水平得到了有效提高。

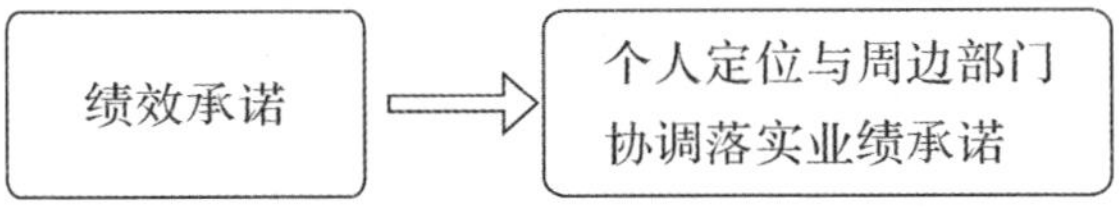

图 2－4　华为的绩效承诺

华为 PBC 的起源

虽说华为在企业管理中有很多独创的制度，但华为的 PBC 不是原创的，而是从 IBM 那儿学来的。1998 年 IBM 在华为做项目时，当时 IT 部门的管理者在与 IBM 的人员交谈时，发现考核和 PBC 都很不错，于是上报领导，率先在 IT 部门试点，然后在全华为内推广。

虽然学习了 IBM 的 PBC，但华为现在所推行的 PBC 与 IBM 的 PBC 存在着本质的差别。

IBM 的 PBC 包含 Business objectives（业务目标）、People Management Objectives（人员管理目标）、Development goals（发展目标）这三部分。华为 PBC 则是目标计划（个人目标或团队目标）、能力评估和发展规划三部分。

在个人绩效承诺上，华为的做法更像是一个军营，基本上从新员工入门开始就需要接受培训，华为员工被要求行为上整齐划一、思想上认同华为的企业文化。华为的 PBC 不仅仅像 IBM 那样只考核结果，更是对员工的行为有要求和进行考核。

华为 PBC 的审查，每次都按 A－E 五档打分，而且华为还强制实行末位淘汰，也就是 PBC 排名的后 5% 被列入“需改进”，对于这类员工，华为会给一次再上岗的机会，如果员工的表现还是不好就会被辞退。

除此之外，两个公司在员工考核上最大的不同是：IBM 所有员工升迁、内部调配、涨工资、年度奖金等都会跟 PBC 有关，而且除了促进体系还有其他的评审体系，也都是 PBC 一项考核。华为则是除了 PBC 作为日常的考核外，还有劳动态度和个人发展潜力的考核，且这三项考核在华为分别影响着员工的奖金、退休金及股票。

用工作绩效说话

华为这些年来一直都在不断地改变，不仅仅是风格的变化，着重点是业绩的不断强大。

2010 年华为年报显示，这一年华为销售收入达 1852 亿元，同比增长 24.2%。截至 2010 年 12 月 31 日，华为可用现金流为 381 亿元。在这其中，海外市场实现销售收入为 1204 亿元，同比增长 33.8%；国内市场实现销售收入为 648 亿元，同比增长 9.7%。正是凭着这份华丽的年报，华为始终稳居全球第二大通信设备商的位置。

这样的成功都来自于华为有一个好的绩效考核，个人定位与周边部门协调落实业绩承诺。在进行内部讲话时，任正非说：“我们还是根据产粮食多少来确定基本评价（KPI），根据对土壤未来肥沃的改造程度，来确定战略贡献。比如，根据销售收入加优质交付所产生的共同贡献，拿薪酬包；若没有做出战略贡献，不能被提拔。我们现在的KPI也包含了很多战略性贡献，战略贡献要搞KPI，我也同意，但要单列，战略KPI和销售收入KPI不能一致。将来公司所有指标都要关注到抢粮食，关注到战略指标。”

在华为，一切都是靠绩效说话，不管是员工升职，持股分红，还是干部上位或下位。任正非曾这样说：“我们处在一个竞争很激烈的市场，又没有什么特殊的资源与权利，不奋斗就会衰落，衰落后连一般的劳动者也保护不了。我们强调要按贡献拿待遇，也是基于这种居安思危。我们从来不强调按工龄拿待遇。经常看到调薪的时候有人说这个人好几年没涨了，要涨一点工资。为什么？这几年他的劳动质量是否进步了？他的贡献是不是增大了？如果没有，为什么要涨工资？我们有的岗位的职级为什么不封顶呢？要封顶。有的岗位的贡献没有变化，员工的报酬不能随工龄而上升。我们强调按贡献拿待遇，只要你贡献没有增大，就不应该多拿。”

延伸阅读

从1990年开始，华为推行员工内部持股，等到了2001年时，华为又实行名为“虚拟受限股”的期权改革，也就是当时的华为新员工不再派发长期不变1元1股的股票，而之前的老员工股票也逐渐转化为期股。这样的制度一直持续到2009年底后，当时华为员工持股98.58%，任正非持股仅有1.42%，可以说当时华为9.5万名员工就持有华为6.1万名股份。任正非之所以会在华为这样做，就是为了做好员工的绩效管理，让员工更用心地投入到工作中去。

第三章

绩效工具：华为关键绩效指标执行“明智原则”

现代人力资源管理的重要组成部分——绩效管理。在华为进行绩效管理离不开绩效工具，这是绩效管理中的重要一环。为了能够有效地在华为进行绩效管理，保证绩效考核的顺利进行，华为设计出了一套可行的绩效工具。

基本法：《华为基本法》是华为绩效管理的根本大法

1995年，任正非为华为专门请来外部专家按照华为的价值观和需求制定了《华为基本法》，这部基本法也成为华为从组织文化到绩效管理的基本大法。不但让华为更容易招揽人才，而且还能使人才在华为安心留下来工作。也是制定了《华为基本法》之后才促使华为走上了股权激励的道路。也是在基本法的基础上，华为内部形成了一个具有强大约束机制的“共同体”（见图3－1）。

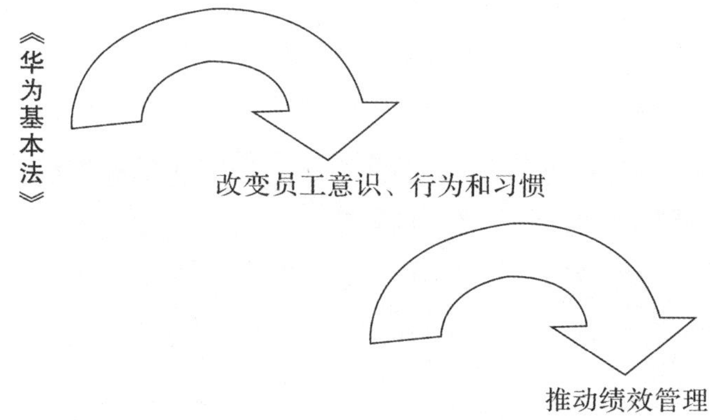

图3－1 《华为基本法》是华为绩效管理的依据

因为有了《华为基本法》，华为人力资源管理部门建立起了客观公正的价值评价体系。针对员工和干部进行考评，都是按明确的目标和要求，实施的对华为每个员工和干部的工作绩效、工作态度与工作能力的一种例行性的考核与评价。通常，华为对员工工作绩效的考评都是把重点放在绩效改进上，主要原则是宜细不宜粗；而对于员工的工作态度和工作能力的考评则是把重点放在了长期表现上，主要原则是宜粗不宜细。由此产生的考评结果，华为也是非常重视的，建立起记录，之后随华为不同时期的成长要求有所侧重。

不仅如此，华为还在各层上下级主管之间建立起了定期述职制度。这要求各级主管与下属之间都必须实现良好的沟通，以及互相之间要保持理解和信任。随之，沟通也被列入对各级主管的考评。

总而言之，华为对员工和干部的考评实行纵横交互的全方位考评，但也保留了被考评者申诉的权利。

提升干部的绩效管理能力

因为绩效管理是华为管理工作的核心，所以，华为在进行绩效管理的时候，首先是提升干部的绩效管理能力。举个例子，华为的一个团队，其纪律非常严明，规程也很规范，甚至每次安排的工作都能提前完成。照理说这应该是一个非常好的团队和一个绩效能力很强的干部，但其实不然，华为主要看的是该团队中是否有怨声，如果有，那么这个干部也是一个不称职的干部。

因此，华为这种针对绩效管理有效性的调查无疑是一个很好的度量手段，但是如果企业想要在短期内看到该干部的进步，还要在员工工作的平时，进行类似于骨干员工月度访谈等。这样多听多问多看下来，总会发现一系列的问题。而因此被打分很低的干部，也会被问责。

所以说，华为的绩效管理在针对干部的时候，要设定绩效管理好的度量标准，没有度量干部工作好坏就没有区分，如果没有区分，华为就很难进行奖惩和改进。

除此之外，也不能忘了加强对干部绩效管理的赋能，为干部提供各种实用的工具和方法，之后就是反复操练，逐步提升干部的绩效管理能力。

针对“班长的战争”进行的绩效管理

华为“班长的战争”这个理念出现后昭示着华为未来的组织变革方向，主要目的是为了充分激发华为内部每一个作战单元的战斗热情，提升员工的综合作战能力。

所以，为了能够让基层员工在工作的时候感受到乐趣，华为在宣传艰苦奋斗之余，不断地进行尝试，往往用一些简单言语和小激励激发员工内心深处的生命之火，使基层员工由内而外获得奋斗的动力，同时在工作中可以享受过程的乐趣。

快乐的感受不仅能够提高员工创造力，还能够帮助员工实现自身的价值。要知道，快乐总是会传染的，员工快乐了，那么客户也能感受到，也会愉快地与之合作，企业的业绩也就随之而来。

在激发员工拥有快乐工作的同时，华为还把绩效管理做到平时的小业务中。自从华为的战争模式从“集团军作战”演变为“班长的战争”后，其绩效管理也开始由一个以半年/一年为周期的 PDCA 循环转变为一个个“任务式的指挥与反馈”（见图 3－2）。

在项目开展的时候，每个阶段中，“班长”都要在授权的范围内，和下属共同设定每一步作战目标，同时还要做到在这个过程中不断与员工进行沟通，

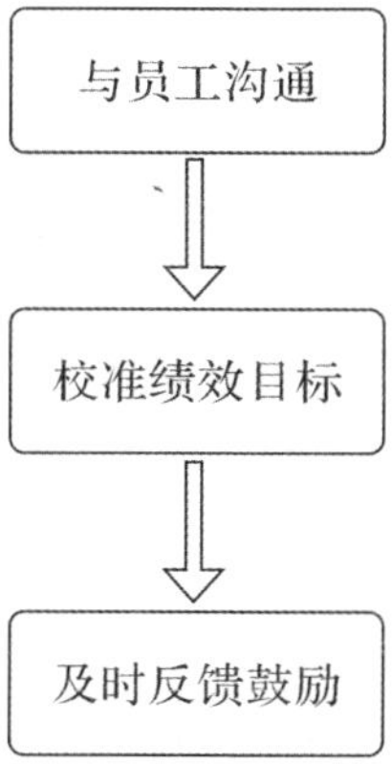

图 3－2　华为绩效“铁军”的产生

时时校准绩效目标，同时还要给员工反馈和鼓励，这样一来，才能从容应对外部出现的各种不确定性。

华为所建立的“班长的战争”，为了获得好的绩效，善于不断总结，在每“打一仗”之后就会总结一次，不论此次项目是成功还是失败，久而久之，就能够将可复制的经验和教训不断沉淀和积累，周而复始，华为的绩效“铁军”由此诞生了。

延伸阅读

为什么华为公司会获得如此成功？《华为基本法》第一章“核心价值观”中写道：“一个企业能否存在下去，主要看这个企业是如何对待客户、员工、合作者与周边关系的；主要看这个企业在产业社会的生态环境或产业价值链中是如何定位的。”

绩效指标表：各个岗位绩效指标按照绩效表来执行

华为 2017 年是否真的会根据年龄划线裁员？真实的离职流程如何？“34 岁一刀切纯粹是一个误读。”华为中国区员工李铭对《中国新闻周刊》说。

他表示：“华为每年人才流失率都在 10% 到 20%，有自己走的，也有被清退的，年龄肯定是一个方面，也跟过往绩效、上升潜力都有关系。华为的员工并不是一到 34 岁就会被辞退，而是根据每个岗位上绩效指标表的完成情况而确定。”

由此可知，绩效指标对于企业进行绩效管理的重要性。而且关键绩效指标（KPI）更是对公司及组织运作过程中关键成功要素的提炼和归纳。所以，华为所设置的绩效指标不仅将员工的工作与公司愿景、战略与部门相连接，同时还对此进行层层分解和支持，从而保证华为的每一个员工个人绩效与部门绩效，甚至是与公司的整体效益都能直接挂钩。

规划员工绩效的测量标准和奖励标准

为了实现客户的价值服务，华为不仅要保证员工的绩效与内外部客户的价值相连接，同时也要基于公司的发展战略与流程，设计员工岗位的功能。

关键绩效指标是把个人和部门的目标与公司整体的成败联系起来，能够直接测量出整个项目需要的行为。能使得员工按照绩效的测量标准和奖励标准去做工作，绩效考核指标也能真正地发挥出作用来。

不过，企业在设计关键绩效指标的时候，必须要符合关键绩效指标，必须是可衡量的，必须有明确的衡量指标；关键绩效指标必须是具体的，以保证其明确的牵引性；关键绩效指标必须是相关的，它必须与公司的战略目标、部门的任务及职位职责相联系；关键绩效指标必须是以时间为基础的，即必须有明确的时间要求；关键绩效指标必须是可以达到的，不能因指标的无法达成而使员工产生挫折感，但这并不否定其应具挑战性等原则。(见图 3－3)

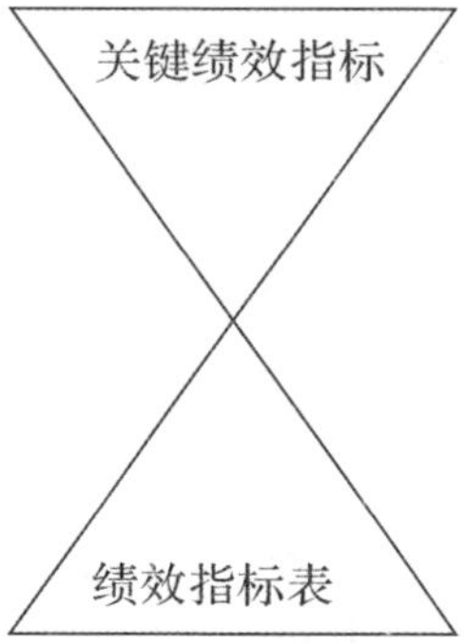

图 3－3　关键绩效指标推动绩效指标表的建立

在这样的原则上，确定华为的个人或部门业务重点，从而确保员工个体因素或组织因素与公司目标相同；确定关键绩效指标，判断一项绩效标准是否符合实际因素；确定每一个岗位上的员工业务标准，从而定义成功的关键因素，满足每个团队中业务重点所需要的策略手段，并且进行分解与落实。

举个例子：市场部的营销人员，华为要想确定其关键绩效，首先必须根据自身的战略目标，确定公司内营销部门的公司战略目标的职责和关键成功要素，之后再通过层层分解，从而确定出市场营销部门内部各职能部门和业务部门及相关流程的关键绩效指标体系，最终分解为营销人员的绩效考核指标。

华为市场部营销人员设置某一考核周期的关键绩效考核指标体系为：销售订货额（如销售订货额或销售订货额增长率）、客户满意度（如客户满意度提高率或客户投诉量）、销售费用（如直接销售费用率或直接销售费用降低率）、合同错误降低率、货款回收（如货款回收额或货款回收目标完成率）。

除此之外，依据现在市场上营销人员的业务现状，华为还加入了团队合作、市场分析、客户关系等定性的关键绩效指标。

建立关键绩效考核的支持体系

华为在关键绩效考核指标确定以后，就会针对这些关键绩效指标建立起一套完善的支持体系，这套体系的内容如图 3－4 所示。

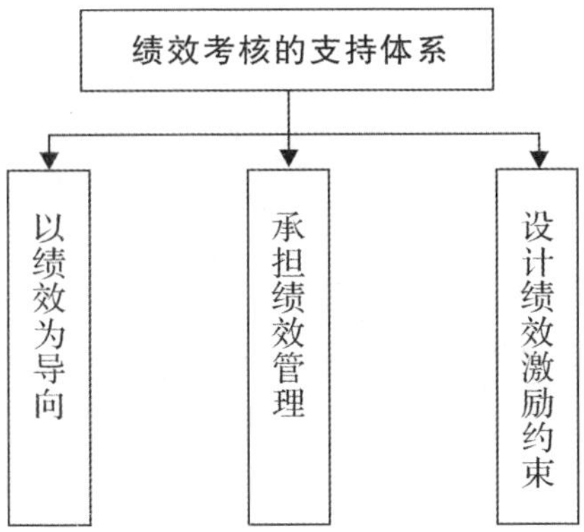

图 3－4　绩效考核支持体系的内容

1. 以绩效为导向建立起企业文化。主要是通过华为的企业文化来形成追求优异绩效的核心价值观，约束华为员工的行为，通过建立绩效导向的组织氛围，化解员工绩效考核过程中的矛盾与冲突。正如华为公司任正非总裁在 2004 年干部大会上讲话的题目一样：“持续提高人均效益，建设高绩效企业文化。”

2. 保证各级管理者都能承担起绩效管理的任务。绩效指标表建立起来后，如果不与各级管理者进行讨论，让他们承担绩效考核的责任，那么绩效指标表就是一张纸，起不到任何作用。只有各级管理者分解与制定关键绩效指标，绩效指标表才能得以顺利实施。

3. 设计出针对绩效指标的激励与约束体系。在这个体系中，激励体系的内容包括员工绩效考核结果与价值分配进行挂钩，因为只有两者挂钩的程度越紧，绩效考核的效果越明显。绩效指标体系主要包括员工的绩效考核投诉机制，上级审核和主管负责的二级考核体制，考核档次的比例控制等。综合激励和约束体系，以关键绩效指标为核心的绩效考核表才能在华为团队中真正发挥出作用。

延伸阅读

绩效考核指标就是将品德、工作绩效、能力和态度用科学方式结合组织特性划分项目与标准，用以绩效评价与业绩改善。华为的绩效考核指标主要指的是通过明确绩效考核目标的单位或者方法，对承担公司业务的团队在经营过程及结果中完成指定任务后的工作业绩的价值创造进行判断的过程。对于企业而言，人力资源管理的核心是绩效管理，而绩效评价更是绩效管理中最重要的环节，想要进行绩效评价必须要通过考核绩效指标来体现。

培训指标：员工按照管理培训指标走

华为注重本地化人才管理和培养，提升本地化运营效率，促进就业和增加税收，对当地社会发展做出贡献。一家企业要想有大发展，就必须要下决心打大决战。因为只有具备了发展的潜力，才能将潜力充分发展出来。1996年的华为，当时正处于确立其在中国通信领域领导地位的关键阶段，任正非就是在这一年发表了题为《培训：通向明天的阶梯》的讲话。任正非说：“培训工作很重要，它是贯彻公司战略意图，推动管理进步和培养干部的重要手段，是华为公司通向未来、通向明天的重要阶梯。”

建立培训的组织保障体系

任正非在管理华为过程中非常重视员工的培训工作，并且始终积极推动。他说：“我们将成立六个有机联系在一起的干部部门，那就是：研究中试干部部、营销工程干部部、进出口干部部、电源工程干部部、生产管理干部部、企管工程干部部。将来各部门干部部的部长由各部门第二把手担任，培训工作将成为他的一项非常重要的工作，这样培训工作推动起来就容易得多了。”

因为任正非的这番话，华为把培训工作作为考核各级干部的重要指标之一，几乎每个干部都有自己应当培训下级的责任。而且华为还建立起了各类干部标准，对企业即将提拔的干部进行资格审查。只有公司有了干部标准，久而久之大家就会自然地重视培训；反之，如果没有干部标准，华为就只能沦落为靠领导拍脑袋选拔干部了。

华为的培训组织体系建立起来之后，并没有统一所有部门的培训，而是让各部门进行自己的培训工作，从而使得现在的华为培训方式各具特色，培训形式更是多样化（见图3－5）。

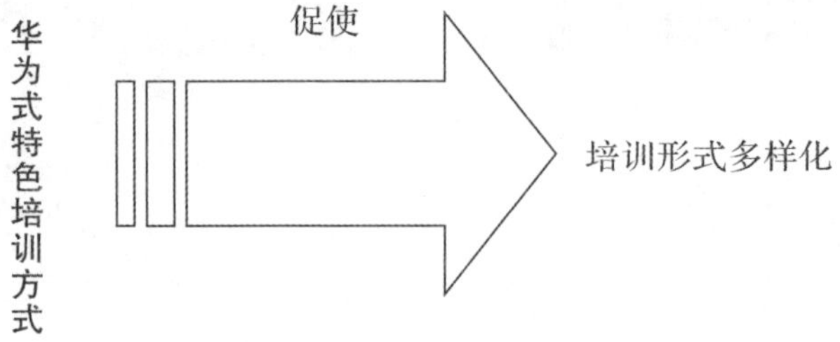

图3－5　华为式特色培训方式的效果

任正非说：“我认为市场部的培训工作要务虚与务实相结合。中高层与基层培训的方式和内容不一样，市场横跨面太宽，它不像制造系统那样目标很明确，所以市场部总体目标不是很明确的，对人的目标也不是很明确，这样就不可能有千篇一律的统一大纲和目标。所以市场部的培训工作至少应该分为两层。”

设立员工任职资格标准

华为不仅建立起有关员工的培训工作，还建立了资格认证制度，组织培训了专门人员对员工进行考评，同时也带动了公司员工的培训工作。

华为在培训员工的基础上正式成立了任职资格管理部，对华为内各个岗位都设立了相应的任职资格标准。同时为了能够使员工不断提高自身工作能力和价值，更是为了让员工有一个更大更广的发展空间，华为的任职资格管理部还为此设计了管理与专业技术双重职业发展通道（见图3－6）。

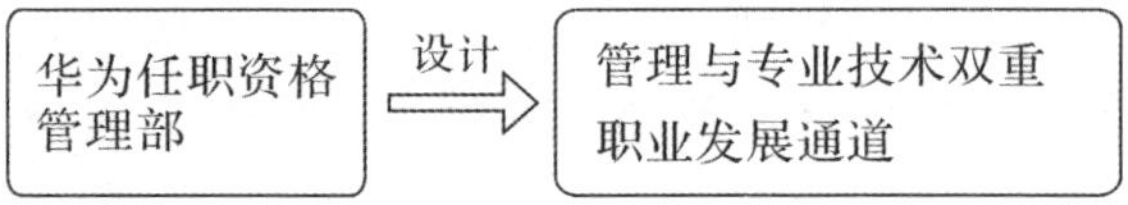

图3－6　华为任职资格管理部的设计

也就是说，在华为，其组建的6个培训中心统统都归属于这个任职资格管理部之下。这个部门解决了令许多企业都为之头痛的培训无效难题。之所以会出现培训无效，无外乎就是缺少任职资格体系，无法得知“现有”和“应有”的差距。而华为因为有了任职资格体系，所以能一目了然地看到员工从某一级升到上一级的过程，因而对于员工的培训会更有针对性。再加上任职资格标准能够牵引推动，是真正能够解决员工职业发展问题的。有了这个任职资格标准，华为的员工就可以根据自身特点，结合业务发展，为自己设计切实可行的职业发展通道。

延伸阅读

华为内部有一所华为大学，它是一种以自学为主的教育引导体系。主要的作用是通过引导干部员工不断进步，严格要求自己、约束自己，使自己向着目标逐步迈进。在华为，每位员工都必须对自己职业生涯进行设计，因为每个人目标设计的发展方向都不相同，所以针对每个员工的培训需求与内容自然也各不相同，但华为对员工进行培训的都是全局性的、有共同性的培训需求。所以就有了以自学为主的教育引导体系。

自学为主的理念使得华为每位员工都进行自我人生设计，所谓“爱一行，干一行”，员工进行自我设计之后，就会用设计的目标去严格地要求自己、约束自己，使自己朝着目标走。

任正非说：“大家甘愿做培训阶梯的铺路石，应该是很光荣的。同时在培训别人的过程中，希望把你们自己也熔炼进去，你们也能成为新的合金钢。你们当中有人可能愿意长期从事培训工作，有人也可能愿意接受更多新的挑战性工作，我认为这都是可以理解的。但一定要把接班人培养好，要做好别人的工作，首先要做好自己的工作，设计好自己的未来，否则靠你们培养不出优秀的人。”

团队工具：华为的绩效是团队的绩效

绩效考核对于团队的考核通常会从考核项目上进行，通常分为两类：结果导向为主和行为导向为主。无论是量化考核还是定性考核，华为秉承的都是绩效考核不好不是一个人的责任，而是整个团队的责任。所以华为团队的建设遵循以下规则（见图3－7）：有通用和共享的准则和价值观；建立团队的行为准则，团队工作程序标准化；实践团队决策和团队规则，强化团队行为；定期研讨优化团队规则和工作程序。

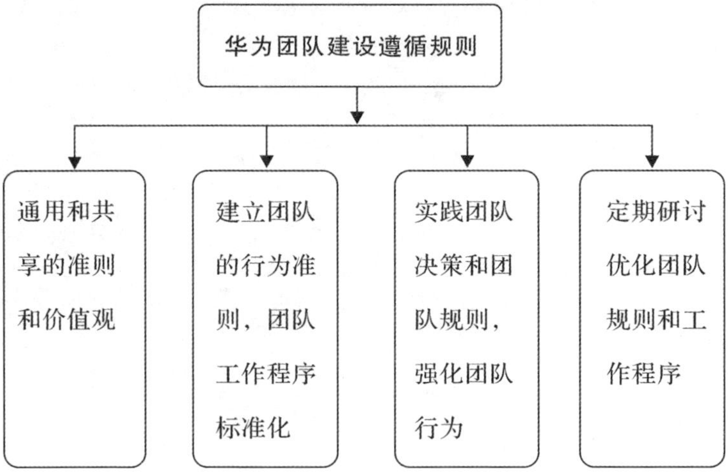

图3－7　华为团队建设遵循的规则

同甘共苦，荣辱与共

华为总裁任正非曾在《一江春水向东流》中这样说道：“早期的华为山头林立、主义多元，中国民营企业如何破解原始积累时期的个人英雄文化对组织健康的威胁？大多数民营企业成功之后又迅速垮掉，多是因为没有跨越这个坎。”

从任正非的话中可以看出，在华为，绩效从来都不是一个人的事情，而是一个团队的责任。华为在创立不久之后，任正非就将个人英雄文化加以改造，使之自然演化成为现在华为内的群体英雄文化，概括成一句话就是把华为内部的“狮子”和其他动物一起变成“群狼”，这样的做法使得华为内部出现了空前具有凝聚力的团队，能够一经召唤就迅速集结，进入战斗状态。

华为人一直以来有这样一个理念（见图 3－8）：成功是集体努力的结果，失败需要集体承担责任。华为人从来都不会将成绩归于个人，当然也决绝不把失败视为个人的责任，大家要一起同甘共苦。当然，有的时候在工作中，华为的管理层和普通员工之间还是存在一些差异性的，但除此之外，华为人都是一样的。在这一点上，任正非首先以身作则，他作为一个老者和公司管理者，出行不坐头等舱、在机场自己拖行李、没有任何随从跟随着去挤周转车……从任正非的这些行为可知，在华为，即便你是高层领导也不会给你设专车的，吃饭和看病同样要和员工们一样需要排队和付同样的费用。

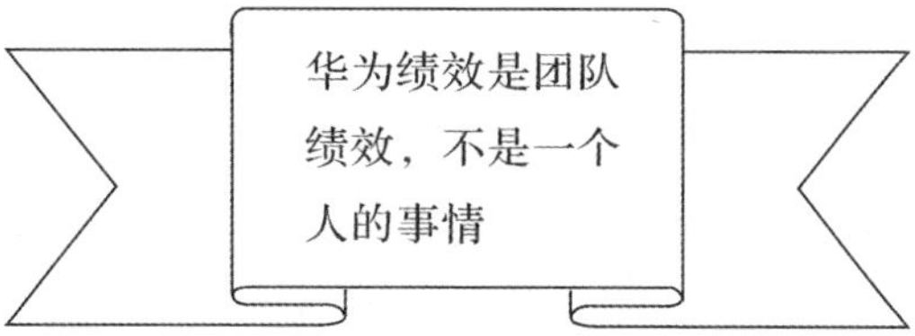

图 3－8　华为绩效的理念

由此可见，在华为，无人能够享受特权，华为人始终坚持人人平等、同甘共苦、荣辱与共。所以，对现在的华为人来说，任何个人利益都必须服从华为整个集体的利益。由此类推，在华为，绩效也从来都不是一个人的事情。

“群狼”打造高绩效

华为人常说起自己在华为的生活是“激情燃烧的岁月”，只要一个人翻开华为的企业宣传资料，就会发现自己好像又回到了战争年代。基本上大家对华为的了解也都是通过类似于“狼性文化”“床垫文化”等，即便到了现在，军事训练也是华为新进员工的必修课。

之所以华为会这样做，是因为华为希望全体员工都能在工作中雷厉风行，服从组织和拥有开阔的政治头脑。所以华为通过利用各种管理方法和制度，让华为这种“群狼”的企业文化理念在员工身上落地生根、刻骨铭心、令行禁止。作为曾经在华为工作了整整十年的老员工黄灿曾回忆说：“在华为的10年里，血脉里燃烧的全是被老板点燃的干劲与热情。在那种氛围里，我们变得很单纯，除了工作就是工作。”也正是因为有这种“狼性文化”的管理，也促使华为内部的员工团队精神非常清晰。

任正非说：“企业经营要警惕所谓的‘狮子文化’‘老虎文化’——老虎是百兽之王，今天却成为人类保护的对象，因为高贵的基因是稀缺的，所以王者就成了濒危动物。”

华为人秉承任正非话语中的意思，绝不做稀缺的“狮子、老虎”，而是要做靠团队取胜的“群狼”，利用团队这个工具，在工作中，大家齐心协力去工作，不为自己一丝一毫的得失斤斤计较，始终想着团队大目标的实现，顺利地完成团队任务。

延伸阅读

近20多年来，华为取得的业绩越来越惊人，不仅在中国少有，在世界通信业的历史上也是不多见的。华为因此需要一种精神把这支高速运转的团队凝聚起来，使企业时刻充满活力，这就是团队精神。

华为非常崇尚“狼性文化”，狼有三种特性：其一，有良好的嗅觉；其二，反应敏捷；其三，发现猎物集体攻击。华为认为“狼性”是企业学习的榜样，“群狼”比“狮子”“老虎”更厉害。

业绩增长指标：华为人说达不到那个点就不要停

在华为公司，员工的工作任务繁重程度在整个圈子里都是名声在外的，这也使得华为很多新入职的员工常常感到非常不适应。再加上华为实行易岗、易职、易地的管理政策，这就使得华为的员工都需要在华为内不同的岗位上进行轮换，这种轮换的制度往往要求员工在短时间内对大量的工作进行处理。之所以华为会出现这样的情况，是因为华为有着针对员工的绩效增长指标，只要达不到华为人说的那个点就不要停（见图3－9）。

图3－9　华为的业绩增长指标

在很多企业中，管理者们都喜欢用薪酬奖励来提高员工的工作效率，但是，有的时候奖励并不能起到激励作用。杰克·韦尔奇说：“对表现出色的员工进行奖励是管理过程中一个很重要的部分，而金钱和精神鼓励应该兼顾。”这就是说员工的心理需要和财务需求同样重要，如果不告诉他们你为什么对他们重视，而仅仅让员工知道你很重视他们的工作这是不够的。领导力导师彼得·布里格曼说：“没有任何有意义的反馈、称赞或者支持性的沟通，员工的失落感将超过他所得到的东西。在给予金钱奖励的同时，要对他们提出表扬，而且表扬要个性化、具体、明确而且由衷。”

很多时候员工要的不是薪水而是成就感

管理大师赫茨伯格发现：在工作中，真正对员工起激励的因素包括成就、赏识、工作本身、责任和晋升。也就是说这五项因素才是真正驱动员工获取成功的动力，当然也成了管理者们的追求。

沃顿商学院管理学教授亚当·格兰特曾经对电话服务中心的员工做过一系列的研究和试验，得出这样的结论：如果员工知道了自己的工作是能够给他人带去意义的，那么该名员工的工作成效就会比其他员工高得多。就比如一名负责募集捐款的电话服务中心的员工，如果能够让其和捐款受益人短暂会面，接下来的一段时间其打电话的时间会增加1倍以上，所能吸引的捐助款也从每周平均185.94美元，飙升到503.22美元。

所以格兰特这样说：“单单让员工知道自己的工作会给他人带来影响，就有助于激发他们的积极性。和受益人的接触，哪怕是非常表面化的短暂接触，也能够让员工认识到工作的重要性，强化责任感和成就感，激励他们提升工作绩效。”

华为的管理者也是据此发掘出真正能对员工起到激励的因素，并且在内部进行有效的绩效改革。在充分调动员工自我激励的本能，使其不断完成业绩增长的指标。管理者们为了能够充分调动员工自我激励的本能，使用了一些技巧：在公司内提倡并鼓励责任感和带头精神；在员工的工作中添加一些乐趣和花样；为所有员工建立目标，安排挑战性任务；鼓励员工之间进行互动和协作等。

评估方式以业绩增长指标为准

华为的绩效评估主要采取自下而上的方式进行，绩效考核方式也是根据企业员工职级和组别进行区分的，目前在华为二级部门主管以上主要采取平衡计分卡考评方式，除此之外的其他员工主要采取关键事件法。不过，每一种考评方法在华为都不是独立存在和使用的，往往是结合其他方法使用。

《华为基本法》中有这样一条规定：公司重要政策的制定，均要充分征求意见与协商，抑侥幸，明褒贬，提高执行上的透明度。所以其制定的业绩增长指标也是透明公正的。达到了华为人就停，达不到就不能停。

华为人都知道任正非始终在华为强调价值创造、价值评价、价值分配的科学性与合理性，要求对员工的分配公正、公平与公开。但任正非也说过：“我们的价值评价体系不可能做到绝对公平。如果用曹冲称象的方法来进行任职资格评价的话，那肯定是公平的。但如果用精密天平来评价，那肯定公平不了。我们要想做到绝对公平也是不可能的。”所以就有了业绩增长指标，只要你的业绩能够达标，你的分配就少不了。

华为员工的工资、股金、医疗与养老保险等福利组成了华为的薪酬包。也因此，华为要求员工都要拥有责任心和敬业精神，能够团结合作，激发自己的潜力。只要定好了业绩增长指标，就想尽一切办法去完成，不达指标就绝不停手。业绩增长指标是一种制约机制，也可以说是一种转换载体的方式，在华为内部产生了一种合理的分配机制。有了业绩增长指标让华为有一个长期利益和短期利益的交换，即能够着重于长远利益的建设，同时也能让员工把精力用于长远建设的目标上来，所以业绩增长指标也被称为是华为价值分配的一种转换方式。

延伸阅读

华为的分配从来都是多劳多得，业绩增长指标的设定也是如此，只有完成基业增长指标的才会获得更多的利益。这就像任正非发言时所说的那样：“各尽所能，按劳分配。怎么使员工各尽所能呢？关键是要建立公平的价值评价和价值分配制度，使员工形成合理的预期，他相信各尽所能后你会给他合理的回报。而怎么使价值评价做到公平呢？就是要实行同等贡献、同等报酬原则。不管你是博士也好、硕士也好、学士也好，只要做出了同样的贡献，公司就给你同等的报酬，这样就把大家的积极性都调动起来了。”

第四章

绩效监督：华为的管控实现“全面覆盖”

在现代管理制度之中，绩效监督是一个非常重要的方面，正是由于它的存在，企业才能高效地推动各种目标，员工才会更主动地创造产值。可以说，绩效监督做得好不好，会直接影响到企业管控的覆盖面，决定着企业管理的深度。华为之所以能够不断发展壮大，和其特有的绩效检查制度是密不可分的，正是依靠这一完善的、适合自身发展的绩效监督制度，才得以实现管控的全面覆盖，让自身管理更具实战性，企业目标落实更高效。

设立监督点：华为管理层根据被考核者的承诺设监督点

华为在绩效监督方面学习的是IBM的绩效考核监督体系。IBM的绩效考核是以一个称为“个人业务承诺”的项目为中心展开和运作的。华为引进IBM“个人业务承诺”的目的在于引入绩效监督点，以推动员工完成个人承诺间接推动企业总体业绩的实现。监督点的设置体现了华为绩效制度强调管理而不是考核，强调主管与下属共同参与而不是单向命令，强调双向沟通而不是一言堂。

华为执行严格的“个人承诺”计划

华为“个人承诺计划”采取自上而下的方式进行制定，将公司的业绩目标逐一分解到各个部门。具体流程为：公司向各事业部下达绩效目标，然后各事业部将下达的公司业绩目标逐次进行分解，下达给部门、片区、办公室、科室；部门、片区、办公室和科室负责人根据分配到的业绩目标和员工进行沟通，然后再将业绩目标分解给各个员工。

华为对员工“个人业务承诺”提出了如下要求：该目标必须符合“具体、量化、有适度的挑战性、有时限”的原则；员工个人目标应该紧密地围绕组织目标，和组织目标保持高度一致；员工目标的挑战性应该和员工自身的职务级别、薪酬级别成正比例，员工职务级别越高，薪酬级别越大，那么其个人目标所具备的挑战性就应该越高；实行矩阵管理的岗位，员工目标由行政上级、业务上级共同确定。

当员工制定了“个人业务承诺”之后，华为管理层会根据被考核的承诺设置相应的监督点，对其绩效进行辅导，监督被考核者及时高效地完成承诺的绩效。

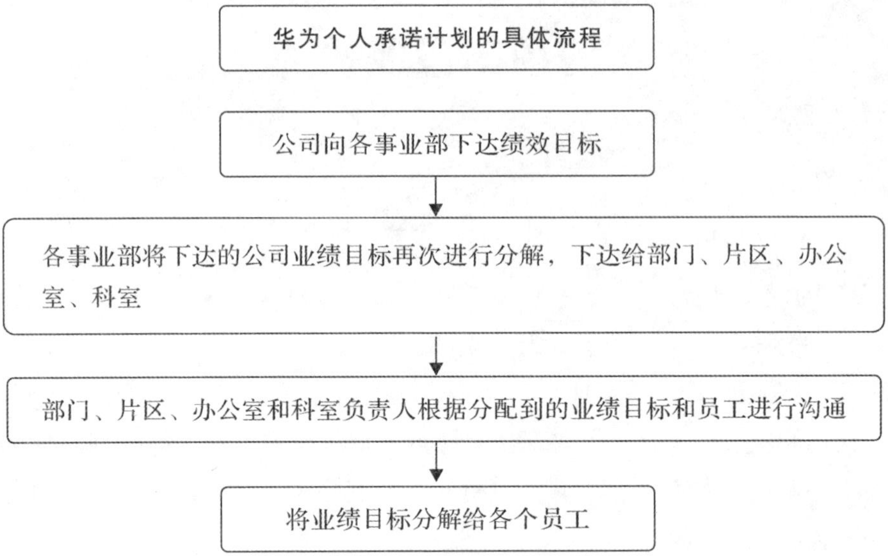

图 4－1　华为个人承诺计划具体流程

流程做事，接受监督

华为领导层有责任帮助监督下属完成承诺的绩效目标，对员工出现的偏差进行及时纠正，确保员工能够沿着正确的方向前进。

在华为，有个很有趣的现象：华为的司机多数都是从保安转岗过去的，保安则几乎都是从三军仪仗队、国旗班、驻港部队刚退伍的军人中招募过去的。这些人虽然“底子硬”，但是被录用之后还是需要接受 1 个月的新员工训练，都是礼仪和企业文化课程，这些人不光人长得帅，关键是还能够在细节上做到极致。

他们个个西装革履，即使在炎热的夏天也穿着衬衫系着领带，让人看起来英气十足。车子里工整干净，一尘不染，空气也很清新。不管接待的客户级别是高还是低，他们都会早早地打开车门，一手扶住车门，一手挡着车顶上边，说：“您好，请当心。”他们不开快车，注意力更加集中，不会在行驶中猛踩刹车，车速平稳，任凭后面的车一辆辆超过，华为的司机也不为所动，没人开“斗气车”，即使在高速公路上，华为司机也不会将车速开到120公里／小时以上。

华为的司机在情绪上也是非常稳定的，不管遇到什么情况都能不急不躁，假如客户很健谈，他们会为客户介绍深圳，介绍华为，解说相应的产品功能，也会和客户很自然地拉拉家常，让客户内心始终保持着轻松舒畅。客户出去游玩，华为司机也会静静地等待着，当客户回来时司机已经将车门打开，一手扶住车顶，说：“您好，请当心。”到了吃饭的时间，无论客户如何邀请他们都不会和客户在一起吃。等客户吃完饭，他们会准时等在门口。碰到特殊情况，不得不和客户一起吃饭的时候，他们也会快速地吃饭不在桌子上随便说话，然后到车子里去等待。

华为总部的司机是这样，各个办事处的司机也是这样，他们的行为规范都是一样的。在华为，不管身处什么岗位，都要按照相应的流程做事，接受公司的监督。正是这种建立在流程化、规范化基础上的监督，才有了华为各个岗位上的标准化、精细化，将华为的每一个员工都变为推动公司前进的原动力。

延伸阅读

华为管理层根据员工个人绩效承诺设置监督点，最终目的还是在于督促员工执行承诺，顺利地实现个人承诺的绩效目标。为此华为管理层在设计监督点时强调沟通，让员工提前了解这些监督点，让其充分意识到按时达到阶段性目标的重要性——能否按时完成，关系着其奖金分配、薪资调整，这样一来员工自然就能够自觉完成阶段性目标。华为管理层会根据员工所完成的承诺对其进行评估，注重的是最终的结果，而不仅仅是报告上所说的。

公平监督：不只员工被监督，管理者也“逃不掉”

很多人一提到绩效监督，就会潜意识地想到如何去监督员工，给员工施加何种压力，最终督促员工实现最初设定的绩效目标，甚至超额完成绩效。其实这种想法是比较片面的，在绩效管理中，监督想要实现最大效能，就不能仅仅针对员工，对企业的管理者也要一视同仁，做到平等对待。

华为“三权分立”的干部选拔制

放眼世界，但凡在某个行业内做出成就的企业，都有出色的绩效监督体制。仔细分析，我们就会发现各个企业的鲜明色彩，但是有一点却是共同的，那就是它们都以“公平”为基础，既针对基层员工，又针对企业管理者。而华为作为其中的优秀者，其对公司管理者的监督则更加严格，具体表现在管理者选拔和负责制度上。

华为在干部选拔上有一个非常完善的制度，通过三权分立的方式具体运作，这三种权利是：建议权、评议权和否决权。这三种权利分别由不同的组织行使，彼此之间互相制衡，以保证团队干部选拔过程的公平公正。

建议权是由负责日常直接管理的组织来行使，也就是干部所在的行政管理团队；而评议权则由华为大学来行使；否决权由公司党委行使。通过这一干部选拔制度考验而胜出的干部，能够在各方面满足岗位要求，带领团队取得更好的业绩。

任正非说：“华为实行干部三权分立……我们强调以党委为中心、以各级党组织为中心、以干部部门为中心的一票否决制。即品德和自我批判的一票否决制；以管理团队和干部部门为中心的对员工绩效的评议机制；以华为大学为中心的对素质的评价体系（见图4-2）。”

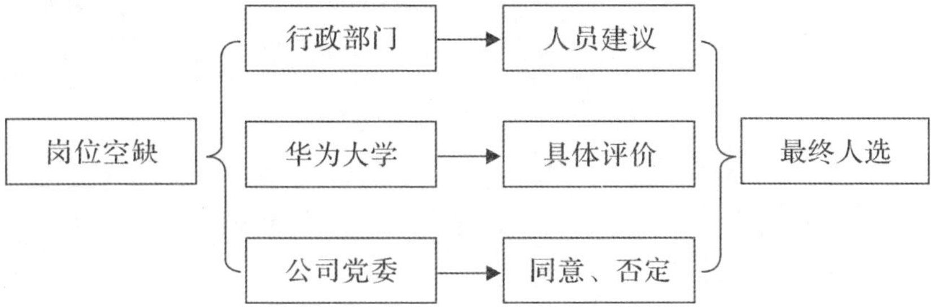

图4-2　华为干部选拔制度

保证领导干部负责

除了干部选拔流程上的“三权分立”制度之外，华为在干部选拔标准上也有明确规定。不管是公司哪个部门、哪个层级，华为在进行干部选拔时，都会采用同一套标准。这一标准包括四个核心内容，分别从核心价值观、品德和作风、绩效、能力上对干部进行考察。

首先，受考察干部人选必须拥有正确的核心价值观。对一个公司而言，身处领导岗位上的人必须认同公司核心价值观，才能更好地践行公司的各项规章制度，带领团队实现预定目标。所以华为着力选拔那些在价值观方面和公司价值观高度契合的人，被选拔的干部必须高度认同以客户为中心、以奋斗为本的核心价值观念。

其次，在选拔干部时，公司主要看品德，而不是一味地唯才是举，对一些不符合公司品德要求的员工要一票否决。华为的品德考察主要通过关键事件进行，通过被考察员工在具体事件中的表现来进行品德认证。

再次，良好的绩效是必不可缺的。新员工加入华为之后，过去的学历、工作经历都会一笔勾销，每个人都站在同一条起跑线上，以进入公司的绩效为评优基础。华为要求只有绩效前25%的员工才有资格参与干部选拔，也就是说良好的绩效是能否被提拔的一个重要条件。

最后，能力是关键。华为有一个共同的能力标准，合作开发了领导力模型，以此来衡量员工能力的大小。华为领导力模型包括三个核心模块：第一块是建立客户的能力；第二块是建设华为公司的能力；第三块是建立个人的能力。通过领导力模型，华为能够对干部领导力水平有一个更加清晰的认知。

华为建立干部领导负责制度的出发点是调动广大员工工作的积极性，为华为员工职务升降提供依据。

任正非说：“领导干部绝对不能总是坐在办公室里喝茶看报，将工作完全交到下属手里，也不能在遇到问题时习惯性地将之推给上级。有章可循，能够在自己权限范围内解决的问题，就不要再请示上级了，不然就会影响到华为的正常发展，危及华为未来战略的实施。”有了领导干部负责制，华为才带出了一支富有战斗力的队伍。

延伸阅读

华为公平监督制度中有一条是：坚持从有实践经验、有责任心、有技能且本职工作做得十分优秀的员工中选拔、培养骨干。这一管理制度让基层员工看到了光明的发展前景，因为华为会帮助那些有能力、有贡献、有敬业精神的员工，会对这些员工进行管理技能培训，提升他们的内涵，从而使得这些员工获得更多的进取机会，成为部门甚至是整个企业的管理者。而那些在管理岗位上的领导者，则要时时处处谨慎，不断进取，力争为部门和企业创造更高的业绩，不然就可能会被后来者所取代。这其实就是一种最为公平的监督形式，能者进，庸者下，自然企业上下都会充满干劲，各自的绩效才会不断提升。

互相监督：监督也是绩效的一部分

任正非在谈到华为内部监管时说：“绝对的纯洁是不存在的，华为追求相对纯洁。”任正非认为互相监督的目的不在于彼此伤害，互相拆台，相反它的存在能够起到一个互相警示、互相督促的作用，让华为上下更加自觉。最重要的是，互相监督对公司干部能够起到一个保护作用，防止某些干部因为贪图小利而毁掉未来。

推行互相监督

对很多人而言，职场也是一个是非难分、此消彼长的江湖。“我已经好几年没有涨工资了，为什么别人的工资涨了却不给我涨？”这些人只看到了别人工资往上涨，却忽视了别人平时努力工作为企业不断创造出绩效的表现。不管是大企业还是小企业，不管是成功的企业还是发展中的企业，都能看到这类员工的身影。

华为之所以成功，其中有一个因素就是能够始终警惕员工身上惰性的蔓延和泛滥。正如任正非所说：“我们像双翼的神马，飞驰在草原上，没有什么能阻挡我们前进的步伐，唯有我们内部的惰性与腐败……要杜绝腐败，而惰性就是一种最广泛、最有害的腐败，人人皆有可能为之，不要以为与己无关。置公司于死地就是这种成功以后的惰怠。”由此可见，华为将员工身上表现出来的惰性定义为“一种最广泛、最有害的腐败”。

任正非应对这种“最广泛、最有害的腐败”的方法之一就是推动互相监督，任正非认为监督也是一种生产力，员工之间、部门之间的监督能够让员工和部门身上少一些惰性，多一些积极性和主动性，继而更好地在单位时间内为华为创造出更多的绩效（见图4－3）。

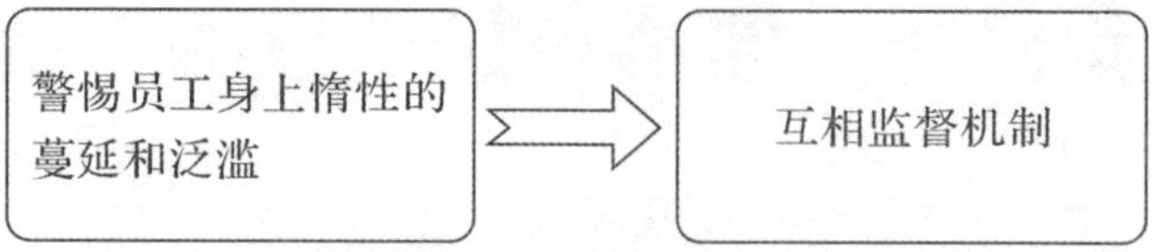

图4－3　华为的互相监督机制的产生

比如为了鼓励互相进行监督，华为专门组建了“蓝军参谋部”，不管是在公司高层还是在基层员工中，都有意识地培养“蓝军”参谋人员。那么这些蓝军参谋人员的具体职能是什么呢？这些人的任务就是起到一个监督的作用，和对方唱反调——在各种决策和讨论过程中虚拟各种对抗言论，建立起有效的“红蓝对抗机制”。这种机制在华为内部造就出了一批“名人”，诸如白志东、徐恩启等，这些人不管是个性还是看问题的视角上都倾向于否定，总是提出相反的意见，总是时不时地敲打、刺激一下身边的人，唱赞歌从来不是他们的风格，监督督促是他们的最终目的。令人感慨的是，虽然这些人属于“乌鸦嘴”，经常对华为的未来做出一些负面评价，但是对当前一些比较知名的企业，诸如小米、腾讯等，却不乏溢美之词。正是有了这批人的监督和督促，华为在决策过程中才变得更加高效，高层更有前进的活力，基层则能够更好更快地实现自身的工作目标，看清自身的缺点，及时加以改正。

任正非对华为内部这种“红蓝对抗”的态度是坚决支持的，对自身“红”还是“蓝”的身份认同带有明显的两面性——当公司内外形势一片大好，红方占据绝对优势时，任正非就会加入蓝军，提醒华为的冬天就在眼前；当公司所面对的内外环境不好时，任正非就会成为红军领袖，为大家打气，提升大家的斗志，提供源源不断的“正能量”。

监督的前提是宽容

当然，互相监督并不是彼此大眼瞪小眼，鸡蛋里面挑骨头。监督的一个前提就是宽容，最终目的是帮助对方发现问题，促使对方提升绩效。

任正非经常讲一个例子，与奥巴马同台竞争总统宝座的共和党候选人麦凯恩，竞选时的口号之一就是我在越南打过仗，我曾经做过俘虏，所以，我有资格做美国总统。朝鲜战争结束后，中国的战俘回国，几乎都被“戴上了”叛徒的头衔，改革开放前几十年，20 多年翻不过身来。战争要么就是战死，要么就是逃兵，要么就是俘虏，要么就是英雄，无非是这样几种结局。是英雄当然更好，当逃兵自然不可饶恕，战死肯定是英雄，但是做了俘虏，他又不是叛变，怎么评价？东西方有截然不同的标准。美国战俘们回到美国本土受到了不亚于英雄般的欢迎。

企业是功利组织，如果不能把三教九流、鸡鸣狗盗之辈包容到组织中，打掉他们身上的不良习气，克服掉他们身上的缺点、匪性，那是管理的失败；但如果把这些鸡鸣狗盗之辈用好了，改造好了，给野马套上笼头，他们就是组织中最具战斗力的一群人，这则是监督的最终目的。然而，重要的前提是包容和宽容，要给一个人最大的个性发挥和施展的空间。

延伸阅读

在华为，绝大部分的员工的考核指标中都有 5% –10%，甚至更高的团队协作指标，之所以如此要求就是为了让员工进行周边部门合作。华为内被考核员工的行为和绩效，一直以来都受到上级部门、周边部门的监控，他们的监控来源于各个部门不同的利益诉求。这个过程既体现了华为文化中的团队合作，同时也建立了团队的竞争和互相督促的氛围，打通了跨部门的流程并降低了管理风险。

细节监督：华为的绩效监督细致入微

世界著名管理学家迈克尔·哈默说：“任何流程都比没有流程强，好流程比坏流程强，但是，即使是好流程也需要改善。”流程化管理，是将任务或工作事项，沿纵向细分为若干个前后相连的工作单元，将作业过程细化为工序流程，然后进行分析、简化、改进、整合、优化。

为此，华为制定了《华为基本法》，构建了一个平台、框架，使资金、技术、人才发挥出最大潜能。另外，华为“削足适履”，引入 IBM 的 IPD 系统，在制度、流程、监控、编码等方面按照自身的需要进行了优化与统一。华为的绩效监管会落实到流程的每一个环节上，甚至到了每个工作以秒计算的地步。正是这种对细节的极致追求，保证了华为人绩效承诺的严肃性。

对细节极致追求

事无大小，事无巨细。正如老子所云：“天下万物生于有，有生于无。”世间万事万物既是无比渺小又是非常庞大的，大事即小事，小事即大事。

出身军旅的任正非对这一点非常认同。华为也被称为“半军事化”管理，时刻充满“狼性”，华为员工经常挂在嘴边的话就是“太阳总会升起”“不会让雷锋永远吃亏”。通过对过往业务经验的积累和规范，华为不断提高管理运作的细节精度，扩充市场、扩大规模、提高效率、降低成本、打造极致。

基本上，华为员工每月都要进行一次考核，考核分为四个等级：A、B、C、D，华为实行的是垂直管理，即上一级考评下一级。但同时也在考评体系之外建立了一个考评监督体系，这个体系的主要目的是为了让华为的每一个员工在认为受到不公平的考核可以向人力资源部申诉。

华为在接待客户时有着一个“提前5分钟”的观念，指的是华为员工在任何见面中都会提前5分钟到，正因为提前这短短的5分钟，给予了客户感动，也给自己每一次会晤预留了最后准备的时间，使华为赢得了许多超越对手的机会。同时，华为还为参观的客户提供“一站式服务”，客户接待人员从展厅、会议室、车辆、餐饮均由一个人负责提供，用接待人员的话说就是“一个客户服务人员可以调动整个企业的资源”。

在华为，企业管理流程化是细节监督的起点，标准化的管理行为是细节监督的基础，规范化的操作是细节监督的保障。华为尝试着通过高质量的“制度化”“流程化”“标准化”“信息化”来最终实现企业的“专业化”，建立起无处不在的细节监督体系（见图4－4）。

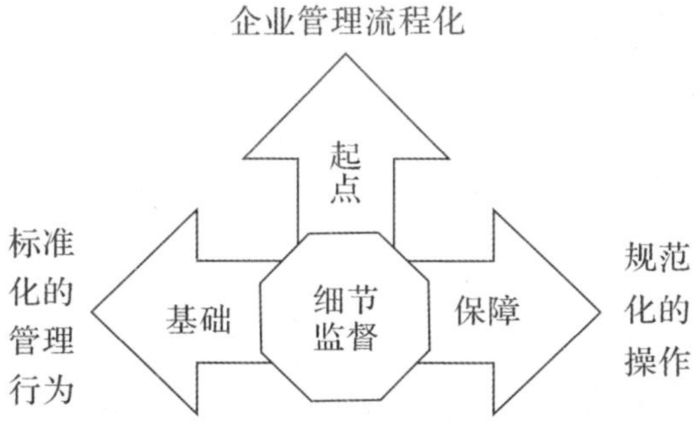

图4－4　华为的细节监督

细节决定成败

细节决定成败，这在华为体现得淋漓尽致：卫生间中永远都有质地很好的手纸、面巾纸、洗手液，有些还有擦手的湿毛巾、一次性梳子等。华为人工作中始终坚持“放置水笔的时候笔尖朝下”等行为规范，哪怕是员工购餐也是清一色一字长龙，秩序井然。

任正非说：“公司为每一位员工服务好了，他们才能真正为客户服务好。”正因如此，每一个华为人对工作、对公司、对客户都充满了友好和热情，他们通过自己的热情感染着每一位同事的同时也感染着每一位客户。

华为的部门中墙上几乎都贴有“下班之前过五关”的卡通画，主要目的是为了提醒工作人员下班之前别忘了关掉电灯、电脑、门窗等。华为内部对此曾经粗略地做过统计，通过加强随手关闭电源的习惯，每月可节约电费几十万元。

能把小事情按照大事情标准来做，这就是有着独特“细节情怀”的华为。大礼不辞小让，细节决定成败。任正非说：“我相信这些流程化的管理，会随着我们一代又一代人死去而更加丰富完善。几千年后，不是几十年，这些流程化的管理体系就会更加完善，同时又充满活力，这就是企业的生命。”现在，华为基本上实现了“流程化管理”，并且将细节监督完美地融入了进去，针对每一个流程上的每个细节设置监督标准，力求做到全流程监管，保证员工在每一个细节上都能做到全身心投入，最终提升员工绩效承诺的质量和产出。

延伸阅读

实践证明，标准化操作是提高管理和运营效率的有力武器，业务流程标准化是企业业务化繁为简的有效工具，它针对经营管理中的每一个环节、每一个部门、每一个岗位，以人本为核心，制定细致化、科学化、数量化的标准，并严格按照标准实施管理，极大地提高了工作效率，使企业的经营管理在扩张中不变样、不走味，让企业以最少的投入获得最大的产出。这也正是华为细节监督的精髓所在，是华为能在细节上出彩的终极武器。

反向监督：华为员工也可以写高层的“报告”

华为发展史中也曾面临过“企业缩小规模就会丧失竞争力，扩大规模则不能有效管理，官僚主义抬头”的窘境。那时，华为每年投入的研发经费虽然已经达到了几亿元的规模，但是由于内部监督体制不健全、经验不足，造成了一些内部的混乱。

任正非敏锐地意识到了建立管理体系特别是监督体系的重要性，他认为华为必须学习如何进行绩效监督，这样才能走出混沌，从一个小公司向规模化企业转变。

“反向监督”的诞生

1994年，IBM的CEO郭士纳提出了闻名于世的管理四项主张：第一，保持技术上的领先性；第二，以客户的价值观为导向，按对象组建营销部门，针对不同行业提供全套解决方案；第三，强化服务，追求客户的满意度；第四，集中精力在网络类电子商务产品上发挥IBM的规模优势。

任正非将学习的目标锁定在了IBM身上，他认为IBM的管理制度是付出了数十亿美元代价总结出来的，其经历的痛苦是最宝贵的财富。所以在1997年，任正非亲自率领华为团队访问了IBM和贝尔实验室，通过这次访问，任正非对IBM管理制度的规范、灵活、响应速度有了一个整体认知。此后华为开始向系统性监督转变，在华为此后发布的十大管理要点中，就有一条专门针对干部自身作风的纲领：加强干部的民主作风建设，公司及各部门都要听得进来自内部的批评，包括提意见方法不对的批评，闻过则喜，加速改进。

为了推动这一管理要点，华为监督体系中诞生了“反向监督”概念：管理者可以监督基层员工，员工也可以反向监督管理者，可以写高层的“报告”。华为“反向监督”的主要目的在于提升高层的学习主动性，督促高层在学习中更好地带领企业前进。

任正非认为，学习中要看到自己的优点，这样才能再接再厉，将其发扬光大。但是仅仅看到优点还是不够的，智慧的人善于寻找自身的不足之处，有针对性地进行矫正，从而有效地避免了木桶效应，让自身变得更加优秀。对企业高层而言，同样需要看清自身缺点，补齐短板。

“反向监督”的诞生充分体现了华为管理体系的民主作风建设——作为华为管理层中的一员，并不意味着享有绝对的自由，想做什么就做什么，不生产只享受权利和福利的事情是绝对不允许发生的，员工有权利将这样的高层揪出来，写出报告，督促其认知自身错误，做出相应的改正。

为了调动起基层员工反向监督管理者的积极性和能动性，让员工敢于监督，乐于监督，华为提倡包容一切批评，即使那些批评是错误的。任正非认为，公司高层必须要做到这一点，在批评别人之前，首先要按照自身批评的标准来要求自己，提升自己。要抱着实事求是的态度，提出如何改进的建议。作为公司高层，当员工写报告提出意见时，自身必须要深刻反思，查对事实，掌握事实的分寸，学习相关的知识和技能，提出解决问题的方法，这也像自身脱胎换骨一样艰苦。

民主生活会制度

在“反向监督”中，民主生活会（民主生活会是华为实行的一项监督制度，这项制度规定：华为员工不论职位高低，都可以完全放开的批评与自我批评，既可以敞开心扉地审视反省自我，然后知耻后勇，改正缺点；也能当面指出别人，包括与会的最高领导的问题，令其改正）发挥了“放大镜”作用，有效地帮助华为高层认清自身不足和错误，极大地助推了华为成长的速度。任正非高度认同民主生活会在企业成长中的作用，他认为只有人人都畅所欲言，人人看清自身不足，统一思想，华为才能实现可持续发展。

在华为，在思想上剖析自我是非常严肃的，被认为是促进个人进步的最有效方式。华为每个月都会组织开展民主生活会，其实很多企业也有民主会，但是大都流于形式，走走过场。而在华为，民主生活会从来都是严肃的、认真的，每位参会员工都要进行自我剖析，将自身存在的不足和所犯的错误说出来，讲清楚为什么会存在这种不足，为什么会犯这样的错误，挖掘根源，为其他人竖起一面镜子，不仅能够自我反思和进步，而且还能起到警示作用。

通过民主生活会，个人能够及时地发现在工作中存在的问题，团队也能集体反思，发现问题。如此一来，很多问题就能被消灭在萌芽阶段，不至于积累起来，造成不可挽回的影响和损失。华为民主生活会在批判的同时严厉禁止夸大事实和对他人展开人身攻击，禁止在个别问题上上纲上线、情绪化。这样一来，华为的民主生活会不仅没有在团队内部引发矛盾，反而让华为团队更加团结，更具奋斗性。更为重要的是，通过民主生活会，华为成功地塑造了员工的反思精神，推动了学习型组织的建设，使整个公司在成长过程中充满了活力。

任正非在谈到民主生活会制度对华为成长的价值时说：“华为自我批判的前提是围绕核心价值观进行的，绝不能走偏，走偏一点再扭回来。”可见在华为成长的过程中，民主生活会起到了纠正方向、坚定核心价值观的重要作用。任正非鼓励员工在民主生活会上向上级提意见、写高层的“报告”，只要有利于企业发展的建议都可以说出来。如此一来，借助民主生活会，华为极大地强化了“反向监督”的成效，提升了企业领导层的战斗力。

2005 年，华为在马尔代夫组织召开了公司行政管理队伍民主生活会，讨论干部队伍的廉洁自律问题。通过这次民主生活会，行政管理干部普遍意识到，作为公司的核心管理人员，必须要从严要求自己，以身作则，才能带动一线员工更好地投入到工作中去。

在这次会议上通过了自律宣言，并且要求在此后的两年内完成关联供应商申报与关系清理，并通过以制度化宣誓的方法来影响所有干部，使其能够积极主动地接受基层员工的反向监督。之后华为又陆续召开中高层干部宣誓大会，在公司内部推动廉洁自律精神，统一干部和员工思想。

通过民主生活会制度，华为在公司内部营造了一种民主监督的氛围，造就了一种敢于自我批判、乐于向高层提意见、善于总结进步的思想风气，从而让华为更富活力、更具创新意识。对于民主生活会的作用，任正非说：“我们之间没有压迫，没有钩心斗角，没有告密，没有出卖，没有争宠，我们有共同的兴趣、共同的目标，我们愿意在工作之余互相倾听、互相倾诉……”

任正非希望民主生活会在发挥监督作用的同时，能够让华为员工说出真心话，将内心的诉求和主张说出来，在此基础上，公司高层和员工个人才能达成高度统一，进行有效提升。更为重要的是，通过民主生活会，员工之间、员工和管理层之间的关系也会变得更加和谐，在思想上拧成一股绳，继而为公司注入强大的成长动力（见图4－5）。

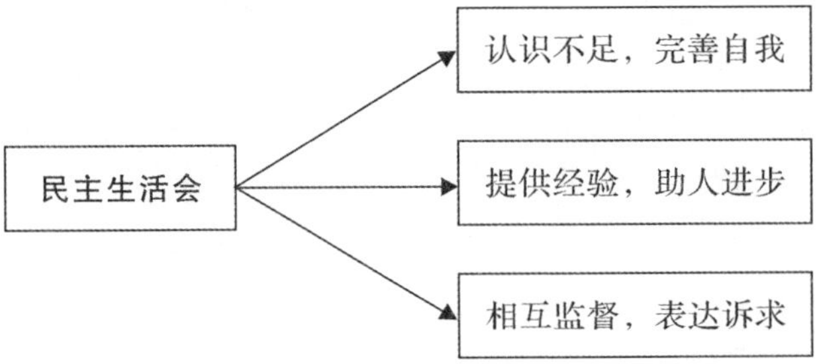

图4－5　民主生活会的三大作用

延伸阅读

民主生活会的由来：新中国成立后，中国共产党作为执政党迫切需要健全党内民主，实现正规的民主生活。在1955年，中组部召开了第一次全国农村党的基层组织工作会议，提出要建立支部民主的、批评和自我批评的生活。1956年，中国共产党第八次代表大会进一步强调坚持党的集体领导原则，健全党的民主集中制，加强对党的组织和党员的监督，发展党内民主，反对个人崇拜。

八大通过的党章明确指出，党必须采取有效的办法发扬党内民主。在1962年初召开的七千人大会上，毛泽东指出：不论党内党外，都要有充分的民主生活，就是说，都要认真实行民主集中制。邓小平在发言时指出，根据党章规定，人人要过支部生活。我们是不是可以把领导人的支部生活，放到党委会去，或者放到书记处去，或者放到常委会去。在党委会里面，应该有那么一段时间交交心，真正营造一个好的批评和自我批评的氛围。邓小平提出的建立民主生活会制度的建议，得到了毛泽东等中央领导同志的赞同。

1980年2月，党的十一届五中全会通过《关于党内政治生活的若干准则》，明确要求：“各级党委或常委都应定期召开民主生活会，交流思想，开展批评和自我批评。”至此，民主生活会制度终于成为党内民主生活的一项重要制度安排。

第五章

绩效考核：华为式“三分”考核立公正

华为的绩效考核并非“一刀切”，而是采用“三分”形式，从员工、领导层以及客户满意度三个方面进行多样性、多角度考核，以期最大限度地保证考核的有效性和公正性，保证公司业绩的可持续发展。华为坚持“以奋斗者为本”的考核理念，用各种考核方法来保证奋斗者的权益。

考核内容：能力、业绩、适应力、潜能

说到华为的考核，就不能不提华为的“垫子文化”。华为创业初期，长期处于资金紧张的窘境，不管是办公条件还是科研条件都很简陋。那个时期，很多华为员工为了解决住宿问题，便在办公区域的角落搭建“宿舍”，既方便随时投入工作，又能解决休息问题。

那个时候，华为新进员工都可以到总务处免费领取一床毛巾被和一张床垫，很多科研人员为了做好工作，以办公室和实验室为家，他们不分昼夜，没有假期，全身心地投入到实现梦想的行动中。

华为考核内容看实际工作

华为的“垫子文化”就是这样慢慢形成的，是华为艰苦奋斗文化的一个缩影，也是华为的传家宝。任正非表示，“垫子文化”记载了老一代华为人的奋斗历程，凝聚了老华为人的拼搏精神，是华为人传承的宝贵精神财富。

有记者曾经向任正非提出这样的问题：“很多美国科技公司，比如雅虎、Google 的员工很自由，有时候不用到公司坐班，可以在家里上班。您觉得这类企业文化跟我们中国的艰苦奋斗文化哪个更好，哪个更激励人才?”

对于这个问题，任正非回答道：“咖啡厅里坐坐，快快乐乐，喝喝咖啡就把事情做成了，这也许不是大发明，多数是小发明。互联网上有很多小苹果、小桃子，这也是可能的。我们在主航道上进攻，这是代表人类社会在突破，厚积还不一定薄发，舒舒服服怎么可能突破，其艰难性可想而知。不眠的硅谷，不是也彰显美国人的奋斗精神吗？这个突破就像奥运会金牌，我们现在跟奥运会竞技没有什么区别。”

所以华为人所坚持的奋斗文化是不会改变的，任正非认为，奋斗不是中国特色，而是人类特色。一个人想要成功就必须去奋斗，一家企业也是这样，只有不断地向前再向前，通过艰苦卓绝的努力，才有可能克服重重困难，站在行业巅峰。

“垫子文化”代表着华为的奋斗精神，其实也是华为考核内容的具体体现，奋斗所需要的能力、业绩、适应力、潜能等，都是奋斗成功的关键因素，都能在“垫子文化”中一窥究竟。可以说，华为员工加班奋斗的背后，是华为严格的绩效考核制度在起作用。

任正非在华为干部培训班上曾说：“知识不等于能力，书读得太多，方法论太多，有时反而会互相抵消，不知道活学活用的话，反而会变得越来越蠢。”在任正非眼中，学历高不等于能力高，也不等于绩效高、潜力大、对公司的贡献大。所以任正非说：“进华为大门时看学历，进了门之后，就把学历证书扔到箱子底下，华为只注重你的实际能力和贡献，一切从基层做起。”

之前，华为每年的《汇报提纲》里关于人员情况的介绍中，总会提到华为的本科生、硕士生、博士生分别占公司员工数的百分比，但是任正非对此却不予赞同。任正非认为，华为的绩效考核考的不是员工的学历，而是能力、业绩、适应力、潜能，谁能力强、业绩高、适应能力强、能吃苦、肯钻研，那么谁就是优秀的员工，就是华为的骨干。任正非说：“我们不唯学历论，学历是重要的，但不是唯一的，到公司后一个星期内所有的学历就丧失。所有干部评价统计表上，唯有填学历这一栏没有，填的都是你在公司的实践工作，防止干部评价完全躺在学历薄上。”

华为绩效不看学历看能力

华为在快速发展阶段，每年都要大量引进新人，招收大批的硕士、博士，客观上对公司一些学历不高的老员工以及各级干部形成了一定的心理压力，一些人更是因为学历不高提出了停薪留职出国读书深造的请求，甚至有人辞职去国外留学。

有一位从中国科技大学毕业的副总裁就曾经向任正非提出，他想停薪留职去报考一所名牌大学的MBA，提升自己的学历。任正非对那位副总裁说，华为虽然一直对外宣传有多少硕士、有多少博士，那是公司规模还不大的时候，是一种对外宣传上的策略，意在为华为造势，是拿来唬外面的，千万不要将自己人唬住了。华为进门看学历，是因为不了解情况，总要挑一挑，有学历总比无学历好，但进来以后，管你是博士也好，大专生也好，公司都不看，公司只注重你的实际能力与工作业绩，看是不是有发展潜能，有没有管理组织上的才能。所以任正非劝大家安心留在工作岗位上，在实践中学习提高。

由此可见，华为的绩效考核并不看学历如何，它所关注的内容在于员工的工作能力，员工的工作业绩，以及适应力、发展潜力等（见图5-1）。即使学历不高，但能力出色，有巨大的发展潜力，业绩出色，那这样的员工也能顺利地走上领导岗位，获得更高的薪资待遇，拥有更加广阔的发展空间。

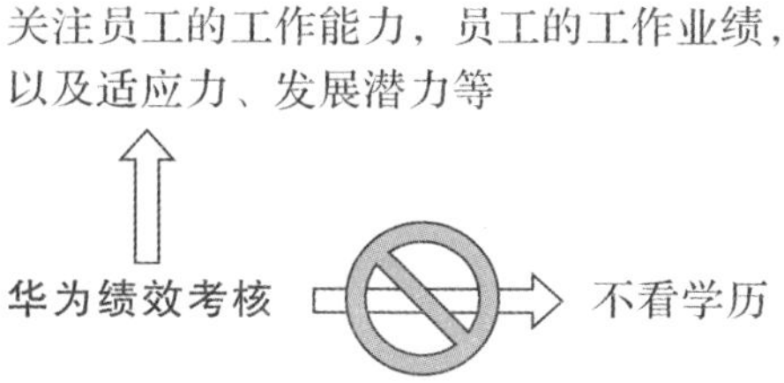

图5-1　华为绩效考核不看学历看能力

延伸阅读

任正非一直强调，华为的员工，不管是基层员工、中层管理者还是高层领导者，都要保持强烈的欲望，要有所追求。任正非说：“我们经常听到一种说法，叫作无欲则刚，我想这个说法，第一，违背人性，第二，无欲者很难做到所谓刚强、有力量，欲望其实是中性的，在很大程度上，欲望是企业、组织、社会进步的一种动力。”

从本质上看，正是对员工欲望和追求的激发和控制，使得华为获得了源源不断的发展动力。华为的绩效考核便是满足员工的追求和欲望的工具，是为员工实现梦想的一种“天梯”。正是有了这种从工作能力、业绩、潜力、适应力以及组织管理才能的全方位考察，才进一步激发了员工的欲望，让员工看到了梦想成真的希望。

整齐考核：统一 PBC 模板，统一考核周期

什么是PBC？所谓PBC本意是个人业务承诺，为了便于理解，我们可以将之称为“个人绩效承诺”。很多人对PBC的直观印象就是“它是一张表格”，其实PBC虽然表现形式是通过一张表格来体现的，但它有自己的精神和内涵。PBC有深层的内涵：其内容聚焦结果、执行和团队，它体现了公司的价值观和企业文化，强调团队合作，强调承诺和共同参与的重要性，体现了绩效管理的核心思想。

华为的PBC是学习IBM的，作为IBM绩效管理的重要表现形式，PBC为IBM的高速发展打下了坚实的基础。华为正是看到了这一点，引进IBM的PBC，主要目的在于通过严格的绩效考核提升华为的战斗力。但是华为PBC演变到现在，已经发展到绩效管理阶段，强调的是管理而非考核，强调主管和下属的共同参与而不是上级对下级的单向命令，强调双向沟通而不是一言堂。华为PBC强调的是不仅让员工明白做什么，也要让员工明白如何做，这与公司高层的述职考核在思路和衔接上是一致的。

统一 PBC 模板

华为使用整齐考核的形式，统一PBC模板，统一考核周期，力求对所有员工进行一致的、统一的考核，做到公平公正，起到筛选人才的作用。华为PBC各部门、事业部模板都包含结果目标承诺、执行措施承诺和团队合作承

诺三个部分（见图 5－2）。

结果目标承诺：员工承诺的本人在考核期内所要达成的绩效结果目标，以支持部门或者项目组总目标的实现。对于结果目标，华为会有相应的衡量指标，说明做到什么程度何时做完，这是季度末衡量员工绩效是否达标的主要依据，它是按照季度进行考核的。

执行措施承诺：为了能够按时实现绩效目标，员工和考核者对完成目标的方法和执行措施达成共识，并将执行措施作为考核的重要部分，以此确保结果目标的最终实现。对于执行目标，由于它是一个过程的描述，所以不一定有明确的衡量指标。华为在进行绩效评价时主要看员工是否按照规范的要求去做，其考核周期一般也是以季度为单位的。

团队合作承诺：为了保证团队整体绩效的达成，更加高效地推进关键措施的执行和结果目标的实现，员工必须就交流、参与、理解和互相支持等当面进行承诺。对于团队合作目标，主要是一种导向和牵引，强调对周边、流程上下游以及上级的支持和配合。其考核周期也是按照季度进行的。

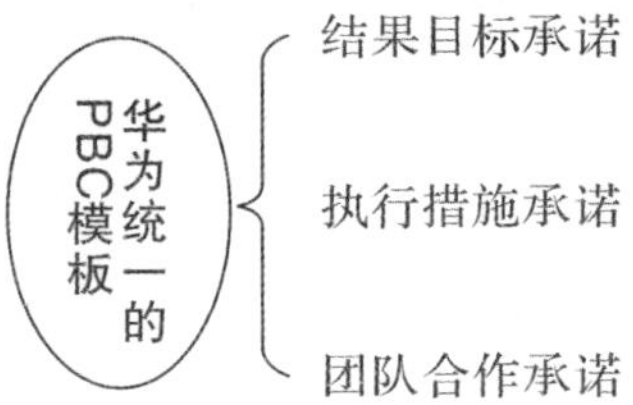

图 5－2　华为统一的 PBC 模板

公司不会迁就任何人

华为在内部始终提倡能上能下，不管是针对高层领导者还是基层员工都是如此。任正非说：“在实践活动的大浪淘沙中，我们要把确有作为的同志放在岗位上来，不管他的资历深浅。我们要把有希望的干部转入培训，以便能担负起更大的重任。我们也坚定不移地淘汰不称职者。为了保护高效益，我们绝不心软、手软。一切希望进步的同志，唯有奋斗一条出路。”

这也就是说，只要你是华为的一员，只要你努力，考核成绩好，那么你就能当干部、当领导，反正，如果你在考核中成绩不好，那么不好意思，你就要从干部、从领导者的岗位上下来。

任正非还说：“要保持公司长治久安，就是要保持正确的干部淘汰机制。不管你是高级干部还是创始人，都有可能被淘汰掉，包括我，不然公司就不会有希望。公司不迁就任何人，高级干部为什么不能做一般员工呢？因此，原来的高级干部干累了，是可以转做机关一般员工，他们也就安居了，不用漂泊了。”

因此，华为的所有部门都被要求在快速发展中调整、巩固、充实、提高。所有的调整都要围绕做实。各部门一定要进行整齐考核，绝不迁就任何人。要把有强烈责任心、使命感，敢于负责，踏实努力，维护公司利益，善于团结同志的干部提上来；把那些只懂得得过且过，不懂原则，钻空子，不做事的干部撤下去。因为只有把土夯实了，才能有大发展。

总而言之，华为在进行绩效考核时要求严格地确定流程责任制，充分调动中下层必须承担责任，同时在职权范围内正确及时地做出决策，不管是干部、领导还是员工，只要你是不能承担责任、不敢承担责任的，那你就要被换下去。任正非说：“去除论资排辈，把责任心、能力、品德以及人际沟通能力、团队组织协调能力等作为选拔干部的导向。”

延伸阅读

华为绩效考核的原则是以责任结果为导向，同时关注员工的关键行为（过程）。所以在华为绩效考核体系中，结果目标所占的权重相对比较大，比例范围在70%左右，执行目标是过程性的，其权重比例一般为20%左右，团队目标一般为10%左右。这些比例并不是固定的，可以根据部门业务的特点和性质，由管理者和员工共同确定。

分层考核：华为高层到基层的公平考核制度

华为的考核并不是“一刀切”，而是分层分类的，针对不同的人员实行不同的考核办法，实行不同的绩效管理，主要针对高层、中层以及基层员工和新员工展开。

华为高层的考核机制

华为对中高层的考核采用述职+KPI（主要绩效指标）的考核机制，华为要求中高层人员在年终（年中）进行述职，全面检查上一年承诺的KPI的实际完成情况，并对下一年的KPI做出新的承诺，在述职中全面阐述本部门为了实现KPI所要采取的措施和策略。

华为的述职方式是逐级向上的，并且多采用中期述职。一般而言，公司的总裁要向董事会述职，各委员会只要是负责人、部门正职，向总裁述职，各大部门副职向各委员会述职，二级部门主要负责人向大部门正职述职，由此形成了一层层负责述职的机制。

具体到华为高层，考核的主要绩效指标体现在以下四个方面：

1. 组织文化建设，即如何推动公司的组织文化建设，这对公司的发展是非常重要的。华为高层必须要有强烈的使命感、责任感去推动组织文化建设。高层必须要善于抓短板，在团队中营造正气。通过这个考核，会明确地向华为高层传递这样的信息：想要坐稳位置甚至更进一步，需要注意些什么。华为的高层基本上都是自己培养出来的，可以说这些人从一开始就在组织内部接受熏陶，对组织文化的重要性认识是很到位的。

2. 培养干部。高层人员能不能不断地将人才培养出来，对华为未来的发展是异常重要的。假如总是培养不出人才，那么说明这个人坐在高层位置上是不合格的——这项工作只有他能干，别人却一直学不会，做不了，那么他就会成为整个体系的拦路石。所以华为对高层的考核要求之一便是必须能够培养出人才，让下面的人能够“冒出来”。

3. 能够制定出有效的方针政策。对华为高层而言，如何才能制定出适应企业发展的有效方针政策，带领大家更好地前进，更快地实现发展目标，为企业创造出更多的财政业绩，是主要的工作，也是其自身业绩好坏的一个重要表现方面。

4. 工作态度。华为要求高层要以公司荣誉和利益为重，要有包容心、同理心、平常心和自信心，能够自我批评和接受别人的批评。为了鼓励华为干部自我批判，华为在自己的《华为人报》《管理优化报》上专门开辟了专栏，鼓励高层以匿名和署名方式反思自身错误。

此外，华为高层还通过各种会议不断地公开自身不足，披露错误，为华为全体员工进行自我批判营造了良好的气氛，提供了宽松的土壤。

华为中基层考核机制

华为对中基层实行 PBC（个人绩效承诺）考核。中基层员工工作的考核分为本部门工作和跨部门团队工作，不单独划分。考核立足于员工的现实工作，强调员工的工作表现和工作要求的一致性而非基于员工在本部门的工作评价。华为对中基层考核的原则如下：

责任结果导向制。引导员工使用正确的方法做正确的事情，不断追求更高的工作效率。

个人目标承诺原则。被考核者和公司通过协商对年内个人绩效目标达成共识，被考核者需对绩效目标进行承诺。目标制定和评价体现职位分类分层的思想。

考评结合原则。在考核初期，企业功能部门界定绩效评价者，评价时充分征求绩效评价者的意向，并以此作为考核依据。

客观性原则。考核以日常管理中的观察、记录为基准，注意定量和定性相结合，用数据和事实说话。

具体到部门负责人，其考核内容包括六个方面：部门量化指标、部门非量化指标、追加目标和任务考核、工作行为和态度、管理行为考核、不良事故考核。

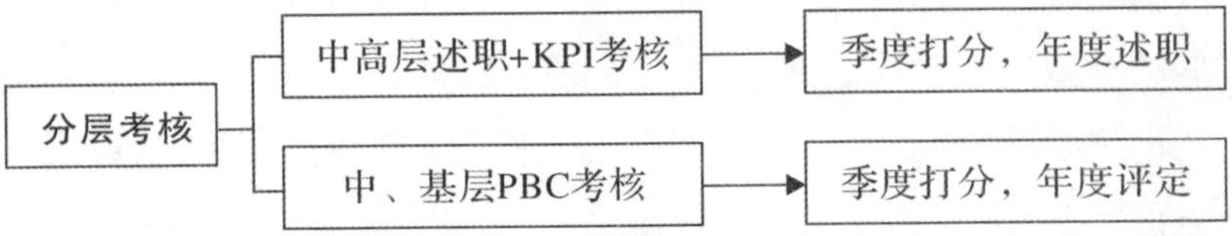

图 5－3　华为分层考核体系

延伸阅读

对一家公司而言，员工所处的岗位不同，所担任的职务不同，所做出的贡献衡量标准就会存在差异。所以公司的考核应该是分层的、有针对性的考核，而不是“一刀切”式的，华为真切看到了这一点，在绩效考核中引入了分层考核的办法，将公司员工划分为不同的层级，采用不同的考核内容进行考核，如此一来华为的考核就做到了细分化、精细化，最大限度地保证了各级员工的积极性和创新性。

业绩考核：华为合理划分等级选项进行绩效考核

任正非认为，公司的激励要落实到公司每个员工的成长收益上。华为通过合理划分等级选项，通过“以岗定级、以级定薪、人岗匹配、易岗易薪”的制度来规范员工薪酬和奖金的发放。

“以岗定级、以级定薪、人岗匹配、易岗易薪”的工资考核制度，不仅能够为更多新人的成长创造空间，同时激励新老员工秉持艰苦奋斗之精神，更加积极地投入到工作中。

以岗定级

以岗定级的出发点是在华为内部建立起职位和职级的关系。所谓以岗定级，是通过职位职级表来确定的。具体而言，每一个职位都会对应一个职级，这个职级就是这个岗位对公司贡献价值的评估，包括了这一职级员工对组织的绩效、对岗位的价值，另外还包括任职者的个人评估。

牛根生曾说：“从人本管理的角度看，人人都是人才，就看放的是不是对的地方，这是一个人岗匹配的问题。所以，在蒙牛选卫生工的时候，不会选那些文化程度高的，或者是家庭条件特别好的，因为这样的人对自己职业的目标绝对不是一个卫生工，也许他关心的是世界经济的发展，也许他想知道人民币汇率升降对国内投资者的影响……唯独不关心工厂的卫生，从而导致他们不会把自己全部的精力放在简单的卫生工作上。蒙牛选择的是老实敦厚的农村妇女，因为这份工作对平常基本上没有什么经济收入的农村妇女来说显得弥足珍贵。重视自己的工作，才有可能将工作做好。这才有了蒙牛工厂纤尘不染的卫生状况，才有了每天生产的‘安全、卫生、营养、健康’的蒙牛食品走向全国，甚至漂洋过海。”

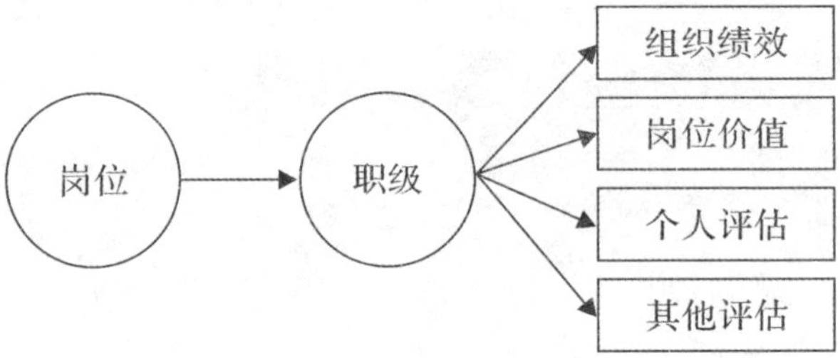

图 5－4　华为以岗定级

华为以岗定级主要表现在两个方面：

其一，对每一类岗位确定岗位序列，比如市场岗位序列、研发岗位序列等，其中研发岗位序列中又包含了助理工程师、工程师、高级工程师等渐进的职位；

其二，对职位序列进行相应评估，明晰每个职位相应的负责范围、控制的资源、产出以及面对客户和环境的复杂性程度，以此为基础，明确身处这个职位的员工所需要具备的知识技能和经验。

这样一来，华为就能够通过职位承担的岗位职责和产出来进行衡量，最终用一个职级的数字来进行描述。完成这两个方面后，华为就建立起了一个职位和职级的对应关系。

总而言之，华为努力做到善于发现每一个人的特长，根据人才的特长，将其安排到合适的岗位，“人岗匹配”，让他们最大限度地、充分地发挥自己的积极性和作用，真正做到了“职得其人”“人适其职”。

以级定薪

以级定薪的出发点则在于界定工资范围，实际上就是一个职级工资表。华为推行的是宽带薪酬体系，相应部门的主管可以根据自己员工的绩效在带宽范围内调整其工资。也就是说，在同一职级的员工中主管可以根据职员的绩效表现确定其具体工资，特别优秀者会得到相应的调薪，获得职级工资带宽所允许发放的最高工资。对员工最具激励效果的是，由于华为不同职级薪酬区间存在着重叠区，个人只要能够持续贡献，取得足够的绩效，工资也可能超过上一职级的员工，这种薪酬制度能够充分调动员工工作的积极性，让每一位员工在自己的岗位上深耕不辍。

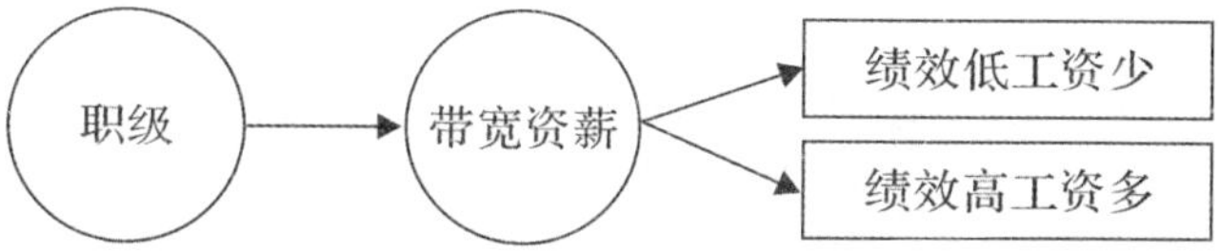

图 5－5　华为以级定薪

可见以级定薪是界定职级和工资关系的薪酬制度，每个企业都可以根据自身实际情况设置适合自己的职位薪酬管理模式。华为实行的带宽薪酬的方式相对于传统的职位薪酬管理或者窄带薪酬管理模式，能够更好地稳定岗位，调动员工工作的积极性。

人岗匹配

人岗匹配着眼于员工和其岗位责任的匹配评估，是指员工和其岗位所要求的责任之间的匹配，以确定员工的个人职级是否符合岗位要求。华为人岗匹配最核心的要素是看员工的绩效是不是达到了岗位的要求，其工作能力是不是合乎岗位的职责要求，假如员工的岗位进行了调动，那么华为会按照新岗位要求对员工进行认证，认证不会在调动之后立即进行，往往会在调动后三个月或者半年后才开始。等到人岗匹配完成后，华为会按照新岗位要求的适应情况确定员工的个人职级和符合度，然后决定该员工的薪酬。

易岗易薪

易岗易薪则关注职级和绩效，主要在人岗匹配之后确定员工的薪酬。华为易岗易薪的薪酬方式主要针对岗位变动的员工，比如升职和降级的员工。

在员工职位得到晋升后，假如该员工的工资已经达到或者超过了新职级工资区间的最低值，那么他的工资可以保持不变，也可以得到相应的提升，主要看其绩效表现；假如其没有达到新职级工资区间的下限，那么一般可以调整到新职级工资下限，也可以再往上调整，具体也是看其绩效表现。降级的情况也是根据员工绩效表现，在新的职级对应工资区间内确定调整后的工资，假如降级前工资高于降级后的职级工资上限，就需要马上降到所对应职级的上限工资或者以下。

延伸阅读

华为从来不强调按工龄拿待遇。华为员工中存在着这样少数人，他们好几年没涨奖金了，渴望能够在今后涨一下。主管会问他们：“这几年你的劳动质量是否进步了？你的贡献是不是增大了？如果没有，为什么要提涨奖金？我们有的岗位的职级为什么不封顶呢？”

在华为，岗位工资是封顶的，但是奖金却不封顶，有的岗位的贡献没有变化，员工的报酬不能随工龄而上升，但奖金却可以无限提升，贡献越大，所获奖金就越多。华为分配的逻辑就是按照员工贡献分配待遇，只要员工贡献没有增大，就不应该多拿，反之，员工贡献大，那么他拿到的奖金就比别人多。

客户满意度考核：满意度×权重=华为统计考核结果

德鲁克在《管理的实践》中强调企业的使命不管是过去还是现在都是“创造客户”，在华为，很早就确立了这样的绩效考核制度。华为规定“不管是绩效目标的设定还是考核都要以客户需求为基础”，这样才能保证企业的绩效永远是符合客户价值的，永远不会背离“企业的唯一使命”。

客户是华为的衣食父母

任正非一直认为客户是华为的衣食父母，是华为存在的唯一理由。他认为一家企业如果不能为客户提供良好的产品和服务，那么这家企业也就很难生存下去，更不用奢望什么发展壮大了。因此，在华为的成长过程中，客户一直充当着灵魂的角色，任正非基于这一点提出的“以客户为中心”的企业发展理念，使得华为在数十年的发展中获得了无限的机会，保持了充沛的活力，最终创造了现在的传奇。

在企业界流传着这样一个小故事：2001 年的时候，华为内刊准备刊发一篇阐述华为客户服务宗旨的文章，最初命名为《为客户服务是华为存在的理由》，任正非在审阅时将其改为《为客户服务是华为存在的唯一理由》。在任正非看来，华为就是为服务客户而存在的，除了客户，华为没有任何存在的理由。由此可见，华为已经将为客户服务上升到了灵魂高度。

在任正非眼里，客户是华为的衣食父母，以客户为中心是华为活动的中心，唯有以客户为企业活动的灵魂，让客户满意，为客户创造价值，企业才能更具活力，更具成长价值。任正非无疑是睿智的，纵观古今中外，但凡成功的企业，都会将客户置于企业中心位置，上升到灵魂高度。而很多衰落下来的企业也往往是因为忽视了客户的中心位置，没有将之上升到灵魂高度加以应对。轻视甚至鄙视客户的企业，势必也会被客户无情地抛弃！

贯彻“以客户为中心”的思想

为了在华为上下贯彻“以客户为中心”的思想，做好客户服务，华为专门在考核体系中引入了“客户满意度考核”：华为会根据用户对公司服务的满意程度，以其高低来判断员工服务工作的好坏。当然这个满意度分数不是员工自己得出来的，也不是华为自己的部门打出来的，为了尽量保证这一分值的准确性，华为会聘请第三方专业机构进行打分。得出这个分数之后，华为会将之和当年公司所规定的权重相乘，最终得出相应员工的客户满意度考核结果（见图5－6）。这一考核结果会和员工的工资、奖金等进行挂钩，分数越高，所能享受到的薪资待遇就越高、越多。

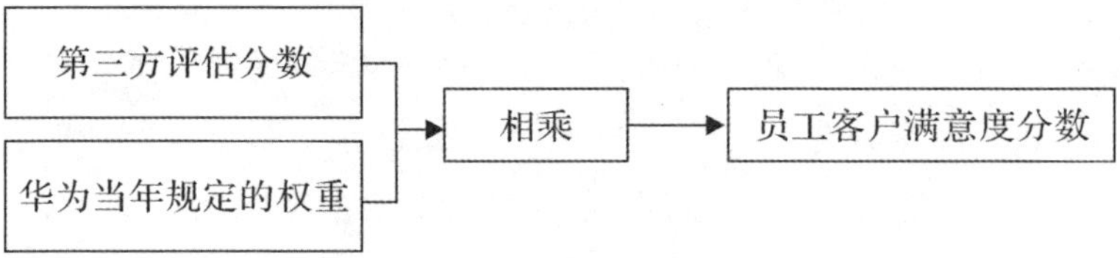

图5－6　员工客户满意度考核流程

华为的质量运营部部长薛铭先生曾经在汇报华为在企业领域、以客户需求为中心、持续提升客户和合作伙伴满意度的管理方法、流程、组织设计和平台建设情况这样说：“华为将坚持聚焦与被集成，与合作伙伴一起持续提升客户满意度。”

延伸阅读

现阶段，企业假如不建立起“客户满意度考核”体系，可以预见的是即便使用了最先进的绩效管理工具，企业也不会得到真正的发展。任正非把不以客户需求作为工作绩效的行为称为“冬天去北极”。按照客户导向的流程型组织的设计原则，华为把客户导向的绩效分成“能否快速响应客户需求、能否准确提供客户价值、能否让客户容易享受产品或服务、能否让客户低成本获得产品和服务”几个维度，这也与客户经济流程变革理论创始人哈默对客户导向的流程的定义如出一辙。

第六章

绩效沟通：华为的“角色扮演”超高效

华为实现可持续发展的主体力量是员工，所以华为对员工非常重视，因为员工的成长也是华为保持竞争力和持续领先的重要因素。华为自创建以来就十分重视员工福利保障，为了能够为员工创建健康安全的工作环境，不仅推行物质激励与非物质激励并行的员工激励政策，使得员工在奋斗后能得到及时、合理的回报。而且在华为持续成长的同时，时刻关注员工的职业发展，进行绩效沟通，为多元化的员工提供多种价值实现通道，以此来帮助员工实现个人价值。

咖啡沟通：华为坚持营造良好沟通氛围

员工想要一杯咖啡，但你只有一杯白开水，你和员工要如何进行沟通？哈佛就业指导小组调查研究后发现：500 名就职者中 82% 因人际沟通不良导致工作不称职。

任正非在欧洲地区部财经管理干部培训班上讲话时说：“如果 IQ、知识、业务技能（综合在业务上表现为专业优秀）高但缺乏人际能力的话，专业优势就成为劣势和负担，因为专业优势会使当事人成为自命不凡、苛求下属、亲力亲为的任务驱动者，而无法承担领导团队的责任。他们往往只关心任务，而不知道如何与团队成员打交道，如何有效激励团队、带领团队实现目标。”

因此，针对营造良好沟通氛围这个问题，华为做出了努力：通过员工关系部收集和了解员工的意见和建议，建立起一个畅通的沟通渠道。除此之外，华为的员工还可以通过道德遵从委员会（CEC）投诉热线、人事服务投诉和建议受理热线、商业行为准则（BCG）举报热线、采购投诉或举报信箱、绩效评定申诉信箱等进行相关问题的投诉。

沟通能力决定执行力

现代职场中，每一个管理者都应该具备良好的沟通意识和沟通能力。在工作中，假设管理者没有沟通能力，或者沟通能力太差的话，很有可能不能清楚地向员工表达自己的想法，下属员工听不明白，也就无法执行。由此可见，管理者的沟通能力直接关系到员工对任务的执行效果（见图6-1）。

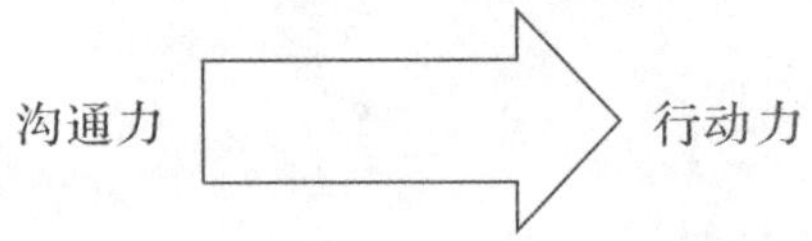

图6-1　沟通力决定行动力

从前有位秀才，夏天的夜晚被蚊子咬醒后，想让夫人赶蚊子，就对睡在旁边的夫人说：“尔夫被毒虫所吸也。”可是夫人没有任何动静和反应，生气的秀才又大声地说了一遍“尔夫被毒虫所吸也”，半天后夫人依旧没有任何反应。

忍无可忍的秀才大怒：“老婆子！赶快起来，你老公被蚊子咬死了。”妻子这次闻声后迅速起身，帮他赶走了蚊子。

从秀才的遭遇可以看出，作为一名管理者很多时候用员工容易接受的方式与之沟通，才是上策。员工才能在听完你的工作指示后立即行动，而不是无动于衷。

戴尔公司的高层管理者曾说过：“随着公司的不断成长，我们必须进一步确保公司拥有一流的沟通能力。虽然前几年我们取得了较好的成绩，但是有的时候，沟通并没有得到很好的整合。作为一家跨国企业，我们必须要有一个明确、统一的沟通战略。”华为也是如此，只有让员工处在一个良好的沟通氛围之中，用员工容易接受的方式与之沟通，才会让华为员工更好地完成自己的绩效工作。

咖啡沟通时间

在欧美的很多企业中，经常会有这样一个沟通方法称为喝咖啡时间。基本上管理者们每个月必须拿出四天晚上的时间，也就是每个礼拜要有一次，然后每次都不能低于三个小时，用这些时间与他的部下30%的人进行沟通。久而久之，这就形成了一种严格的制度。华为所引入的就是这种沟通方式，当然这不是规定一定要喝咖啡，也可以选择喝茶。这并不是简单地让管理者把任务布置下去，而是不断地找机会与下属沟通。

根据一项针对企业培训管理现状的调查显示：有超过80%的员工有沟通课程的培训需求，这其中有60%以上的员工表示自己在与上级、同事、客户等日常沟通中出现困扰，更有甚者虽然看过不少沟通书籍，但不知在现实中如何去实际运用。

任正非说：“我们提倡‘一杯咖啡吸收宇宙能量’，世界上很多事业上伟大的人，他每天都在和别人喝咖啡和吃饭，怎么他就变成伟大的人了呢？这就是沟通，华为已经改变了以前僵化的考核方法，允许员工上班期间喝杯咖啡，在一起沟通的时候，就有思想碰撞，就会产生火花。”

也许一句话，一个不经意的动作，就能提供出一个新思路，华为的文化现在是具有弹性的。目的就是为了能够有效排除管理者和下属员工之间的沟通障碍，同时也能够在沟通过程中抓住沟通的本质，并且能够根据与下属员工进行谈话的内容及时做出反馈，最终实现完美沟通（见图6－2）。

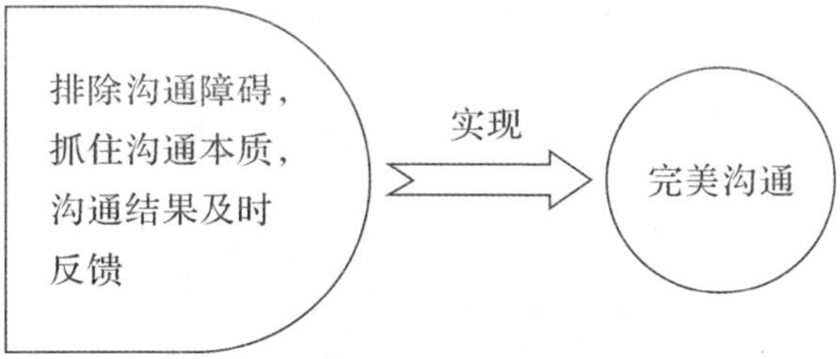

图6－2　如何实现完美沟通

2016年5月，任正非对话Fellow（公司董事）曾这样说过：“公元1世纪至5世纪是人类文明繁荣的历史时期，那时没有互联网、没有电话，但是不要认为很落后，民主制度、雅典法典、罗马法典、议会制度等都来源于那个时代，因为每个人都可以站在罗马广场上阐述自己的观点，天才成批来。心声社区（华为员工论坛）就是一个‘罗马广场’，STW也要成为一个‘罗马广场’。心声社区总体是很健康的，让大家免责提意见，使华为文化得到普及理解。虽然大家在上面‘胡说八道’，针对我们说的，有很多人来评头论足。这些跟帖就是未来将星在闪耀。我不需要知道马甲背后是谁，但是我知道华为有人才。”

由此可知，在华为，完善员工沟通渠道，营造和谐企业氛围是绩效沟通的重中之重。

对员工而言，如果企业能够有一个良好的沟通机制，那么企业就能有效地整合他们的情感要素，使得他们能够达成精神层面的充分交流。

任正非在对话Fellow非常认可咖啡沟通，他说：“我们期望‘黑天鹅’也要飞在我们的‘咖啡杯’中，虽然按我们现在的思想结构，‘黑天鹅’还不在我们杯子里。首先我们要去掉‘农民意识’，跟别人去喝咖啡，要送一瓶好酒；和教授合作，不要提那么多要求，就说能否在你立项和失败的时候给我们讲两堂课，在讲的过程中，我们喝几次咖啡。我们与几百个人喝了咖啡，消化几百个人的思想，然后就会领先世界。如果你不理解，当‘黑天鹅’要出现时，就会错失。”

延伸阅读

在华为，创建畅通的沟通渠道和改善沟通是企业进行员工关系管理的重要步骤。无论是企业中“以人为本”的人力资源管理理念，还是企业中的管理决策和管理制度等，都需要通过一种有效的方式及时地传达给全体员工。

有效的沟通方式能消除员工之间的误会，打破隔阂，创造一个良好的企业文化氛围。具体的设定就如同定期组织员工大会，利用绩效考核组织绩效面谈，利用网络聊天工具设置交流群，举办各种业余活动等。华为这么做的目的就是为了保证各层级员工都能有合适的渠道向相关人员表达自己对工作和公司的理解，甚至有的时候会是不满，如此让员工处于一个非常舒适的氛围之内。

跨部门沟通，调动资源完成绩效工作

企业飞速发展往往会伴随着内部各部门之间权责分配日趋明确和分工日渐细化，部门之间的交流也开始变得更加紧密和频繁。与此同时部门之间意见的分歧、信息的不对称等诸多因素始终存在。针对这些，华为展开了内部跨部门沟通，掌握跨部门沟通的技巧，了解跨部门沟通中隐藏的个人与组织需求，打破跨部门沟通的障碍，调动资源顺利地完成绩效工作。

打破部门之间沟通的屏障

部门之间之所以会出现合作不力的一个主要因素就是害怕担负工作失误的直接责任。在企业中，尤其是上下游的部门之间，很多时候都存在着功过归属的问题。所以部门之间合作的时候就会非常谨慎，因为害怕承担责任，所以一旦出现可能出错的情况，害怕出事之后自己需要负责，即便是很小的自己能处理的事情也绝不主动决策，当然也不会和合作部门进行沟通，而是直接提交给上级高级领导。这样就能轻松地将问题转嫁给上司解决，不用部门担责任。像这种在管理上属于错误管理行为，被称呼为“反授权现象”，简单地说，就是我给你权力让你做的事你自己不做好，反而又还给我，让我这个领导做。这其实就是一个下级管理者的失职，更代表着高级管理人员资源的浪费。

再加上如果两个部门之间没有一个良好的沟通机制，那么所谓的合作最后就会使得部门人员之间的信任逐渐丧失，双方甚至会产生否定的负面情绪，开始变得处处防范警惕。

企业如果想要在维护部门利益的基础上改进跨部门之间合作的问题，就要像华为一样去做。先是梳理工作流程：凡是能够流程化的必须首先流程化，并建立相应的工作标准，将其转化为公认的例行事务。然后是制定沟通制度，只有部门之间的领导进行充分的沟通协调，才能提高协作效率（见图6－3）。

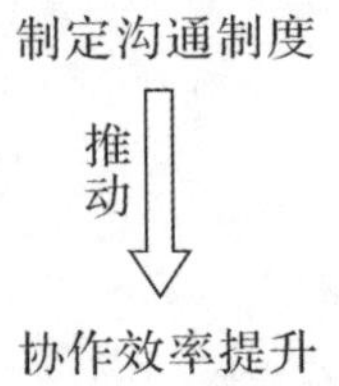

图6－3　制定沟通制度推动协作效率提升

具体的行动步骤包括：首先是两部门的负责人先进行充分沟通，要停止互相指责，对合作存在的问题达成共识；其次共同寻找解决方法；再次就是各部门分别就商讨出的解决办法展开集体讨论，讨论过后要将流程和沟通制度深入到具体工作中去；之后还需要总结各自的研讨结果，再加以整合后成为部门之间共同认可的解决方案，需要部门经理联合在上面署名，最后呈交上级领导审批。

需要注意的是在呈交报告时两个部门的经理要一起前往汇报，并简单扼要地做出口头说明。紧接着就是由上级领导召开员工大会，在会上解释这个新的工作规划，确保两个部门中的每个员工都清楚地知道自己以后应当做什么和怎么做。同时请两个部门的经理及部门中的主要骨干在会上发表讲话，从而确保两个部门的所有员工都能完全理解并真正支持新规划的施行。

调整绩效考核制度

之所以现在很多企业中出现跨部门沟通的障碍，是因为现行的考核多半是强调每个部门自己的KPI（绩效目标），从而没有出现协助其他部门完成工作的绩效指标，这是跨部门之间无法沟通的根源。毕竟人都是自私的，试想一下，我放弃我自己部门的绩效，无条件地花时间帮别人，等到奖励时又没有任何我的份，那我为什么那么积极？

也因为企业内的这种绩效考核制度，使得部门经理在安排工作时，当然首先以自己部门应完成的目标为主，优先去处理，至于配合别的部门的事情，随便应付一下就行了。而如果制定了绩效考核制度，把跨部门团队协作的绩效指标呈现出来，那么在制度的引导下，团队成员的人性就会被激发出来，大家对帮助其他部门的热情自然就会提高（见图6－4）。

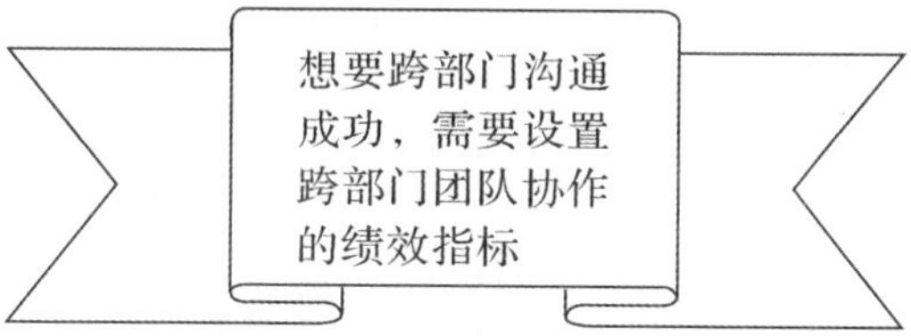

图6－4　华为跨部门沟通的秘诀

之后再通过塑造强调合作的企业文化来推动跨部门合作。华为就是如此，华为一直以来都十分重视团队合作，这样一来，通过领导人的意志，就能有效推动强调合作、互帮互补的企业文化，从而让员工们建立起“多换位少本位”的跨部门沟通心态。在这个心态的指引下，领导再组织跨部门间的团队建设活动，之后就可以凭借着活动来融合部门之间的员工关系，增进部门间的良性互动。

当然最重要的一点——提升沟通能力不能忘。毕竟就算是有了好的制度、文化、态度，但部门之间的员工还需要加强沟通技巧的训练，这样才能学会以对方的角度来思考问题，从而更懂得尊重他人。

延伸阅读

企业要想跨部门沟通成功，就需要用坚决的意志去推动，同时时刻强调企业利益大于部门利益与个人利益的观念，久而久之，当企业里渐渐形成友好合作的氛围后，跨部门沟通就会变得顺畅多了。

管理者积极主动，扮演好角色

职场上一直都有这样一种人，他们自始至终都秉承“事不关己，高高挂起”的处世哲学，在进行本职工作的时候持敷衍的态度，能应付就应付，额外工作的时候更是毫无热情。

比如说，如果有一项工作现在需要完成，但是他们的上司没有叫他们做，那么他们绝对不会主动去做。这种员工他们其实并不缺少聪明才智，缺的只是对工作主动参与的热情。

必须进行有效的绩效沟通

有一位资深的人力资源经理，他曾无奈地说：“绩效一直在谈，效果并不显著，最后到无话可谈。”他个人对于绩效管理的目的、意义，以及对于过程和方法的理解都非常深刻，而且他也具备良好的人力资源理论功底。同时他也清楚考核的目的是对员工业绩的反馈、总结与提高，而不仅仅只针对员工业绩的考核，熟知业绩管理过程中业绩面谈、过程监督、目标设定等程序。所以，当他准备与员工进行绩效沟通的时候，他看上去信心十足，十拿九稳，但等到他实际操作起来，却没有获得一个满意的结果。究其原因，是因为他的绩效沟通有效性不足。

有效的沟通不仅仅包含沟通的技巧，同时也包含沟通双方的利益取向和沟通的内容，在华为进行的绩效沟通也是如此。有效的绩效沟通应当始终秉承着对员工利益和成长负责任的理念和态度（见图6－5）。

图6－5　有效的绩效沟通的核心

现实中，许多企业在进行绩效管理的过程中，很少考虑到员工的利益，而主要考虑企业的利益，对员工成长负责就更谈不上了。这就造成了绩效管理实际上只是针对企业经营过程中的一种监控，仅仅只是对于部门和员工的监控。

再加上，虽然许多企业的核心理念提的都和华为一样是“以人为本”，但他们在实际管理过程中，“以人为本”并没有真正体现出来，当然也就没有真正做到像华为一样以人为资源。试想一下，企业很多情况下拒绝对员工负责任，那么员工对企业自然也就没有归属感，这就导致管理人员和员工至今都是短期行为，所以造成了无效的绩效沟通。

对员工的成长负责

对员工的成长负责是华为管理人员绩效沟通的指导原则之一。在华为，每一位管理人员的绩效沟通都是以此为起点的，绝对不计较一城一池的得失，主要的核心目的是把员工当成企业的资源，根据公司和人力资源部的委托进行有效管理、培育、增值，而不仅仅只是针对员工上个考核周期内做得怎么样；把员工当成有效资源进行深度发掘和培育，最后达到增值的目的，而不单单只是代表企业权益对所有人进行核查、质询、评价。这样的绩效管理才是当今很多企业应该学习的。

在绩效沟通的过程中，员工成为沟通的主体。沟通的目的是反馈、激励、辅导，由此产生沟通的主导内容：员工的能力、态度、情绪、业绩等。这些就要求管理者需要对员工的主要工作及其表现有比较全面的了解和客观的评价，才能在评价下属员工的工作表现时恰如其分，更会因此能及时发现下属情绪的变化和能力上的优缺点，然后对员工进行切实的反馈，再给予适当的激励和辅导。也就是说，管理者只有在日常管理过程中做足功夫，才能在绩效沟通过程中与员工有内容可谈（见图6－6）。

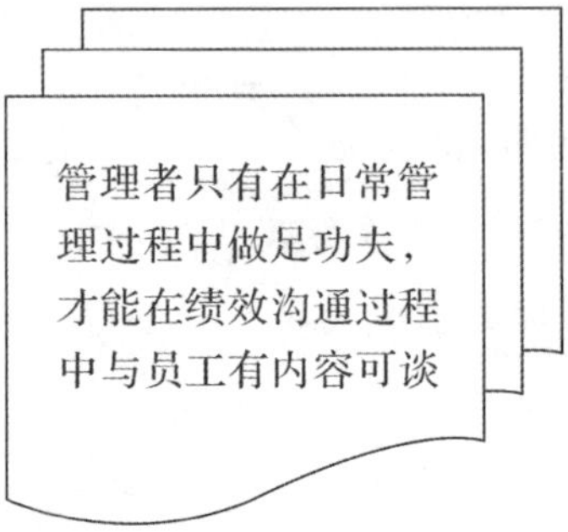

图6－6　管理者的准备

但现实中大部分企业的情况却是：许多管理者认为绩效沟通只是为了辨别清楚下属的业绩水平，所以他们就把主要精力放在业绩判断上，导致绩效沟通最后演变成一场争论，不欢而散。

延伸阅读

绩效沟通通常指的是信息双向沟通的过程，所以进行绩效沟通的时候，绩效中任务目标的完成成了主要目标，这也是管理 PDCA 的一个环节。在这个环节中，管理者首先要针对具体的工作任务和流程，秉承对事不对人的态度，客观准确地进行分析、反馈和评价，便于被考核者今后工作的完善和提升。

问题沟通，快速完成任务量

身为一名职场人士，不管是任何时候，都要把爱提问培养成为一种习惯。要努力做到只要自己的提问不是无厘头，与具体工作有关，不会让人觉得是莫名其妙的问题，就要主动去提问，进行问题沟通，管理者就会给你带来帮助，使你能够快速完成任务量。虽然可能很多时候你觉得自己有些问题问得很傻、很笨，不好意思问出口，但是你应该这么想：如果自己不去问，而是想当然地去揣测别人的意图，那么就很容易造成误解，最终影响自己对任务的执行，也更谈不上快速完成任务量了。

不要轻易去揣测

在美国，有一次，非常知名的主持人林克莱特访问一名小男孩的时候，小男孩天真的回答让现场的观众笑得东倒西歪，只因他回答飞机飞在半空没油的问题时说：“我会先让乘客们系好安全带，然后我挂上降落伞，先跳出去。”

看到大家都笑他，他哭得稀里哗啦了。林克莱特追问这个男孩：“为什么你要先跳出来呢？”小男孩给出一个他自认为很好的回答：“我要去拿燃料，我还要回来，我还要回来。”

这个答案出乎现场观众的意料，当听到小男孩之前的回答后，现场观众没有像林克莱特一样再提问，而是想当然地揣测了小男孩的意图，可是，事实上，小男孩却并非公众揣测的那样，这就是不沟通带来的误解。

像这样的情况，在工作中时有发生，“我以为……”这是很多员工误解领导意思错误地完成任务后给出的解释。这就是问题所在：事情真的是你以为的那样吗？答案当然是否定的。所以为了有效避免这样的问题理解错误，最好的办法就是多进行问题沟通。

华为的一次管理会议上，出现过这样的事情：当大家都在讨论解雇某位员工时，一位领导突兀地问了一句：“在这名员工表现不理想期间，有人指出过他的问题吗？有人提醒过他改进工作吗？”大家摇头，因为自始至终根本就没有人提醒过他，也没有人指出过他的问题所在。

在这次会议之后，该员工的直属上司和他进行了沟通，在指出他工作中不足的同时，明确规定他每个月应该完成的工作量，并清楚地告诉他如果完不成规定的工作量，他会遇到的后果。后来，大家都发现这名员工表现得越来越好。由此可知，问题沟通的重要性。

明确“做什么”和“怎么做”

员工在接受工作任务时要明确“做什么”和“怎么做”（见图6－7）。明确“做什么”，才会有执行的目标。懂得“怎么做”，才能确保任务顺利完成。假如员工听完领导的安排还依旧一头雾水，就需要尽快与管理者进行问题的沟通。

图6－7　问题沟通必备的要素

职场上一直有这样一类人：明明自己什么都没听懂，却喜欢装懂，不进行任何沟通，只凭借自己想当然的理解去完成任务。往往到头来发现都是白忙活。最后他们还喜欢用“没有功劳也有苦劳”这句话进行辩解。

华为人为了杜绝这样的事情出现，要求员工有疑问就要与管理者进行沟通，反过来管理者也是如此。在进行沟通时，不但要问“具体做什么”，还要问“为什么这样做”，这样就能让员工充分理解做这件任务的原因和目的。一旦工作有了目的的指导，员工的执行力才能得到提高，任务才能快速完美地完成。

同时，员工还需要记住的一点就是在问题沟通中，领导给出你所问问题的答案后，你还需要进行复述，确认自己听明白了。

这就像是：“你的意思是……对吗?”这样的问句让领导明确你理解的对错。如果你理解的不对，领导会很快发现并指正：“哦，不对，我的意思是……”反之，如果你理解对了领导的意思，领导就会说：“嗯，就是这样。”这样一来，当你明确了“做什么”和“怎么做”后，任务就能快速完成。

日本企业认为，如果一个下属在上司下派任务时没有提出疑问、意见和建议，就急着去执行上司的决策，这是对上司不负责任的表现，这个下属是不称职的，其执行力也无从谈起。

延伸阅读

经常听人说：“干得好不如说得好。”虽然这么说多有偏颇，但在职场中，这是个真理。这不是说要让员工都靠会说话工作，而是“说得好”在这里指的是能够在出现问题时及时与领导进行沟通，保证任务不出现差错，快速完整地完成任务。相反若工作中一直在修改和纠结，工作绩效耗没了，绩效奖励也就没有了。

任务沟通，华为人工作前必须明确自己的任务

在华为，管理者会特别提醒每一位员工，在接受任务后，工作前一定要积极地和领导沟通。尤其是当你接到领导指派给你的工作任务，你对这个任务不明白的时候，要及时与领导进行任务沟通，明确自己的任务是什么。避免任务跑偏，给企业资源造成浪费。

任务沟通势在必行

华为的采购部经理有一次让一位下属按照材料类型进行分类整理供应商的资料。可是最后收到的却是按照供应商所在的地区分类整理的资料。经理于是大呼："不对！这不是我要的！"

出现这种情形时会非常尴尬，这位下属也是尽心尽力地去完成自己的工作任务，可就是因为没有在任务开始前明确自己的任务，导致自己在执行时"走了样"，所做的任务也成了无用功。像这名员工一样，华为的员工曾经由于诸多原因，对领导给予的指令理解有误差，甚至有的时候会完全理解错领导的意图，这样产生的后果是非常可怕的。

所以，华为人设置了任务沟通，保证每个员工在工作前都要明确自己的任务。因此，华为人在接到领导安排的工

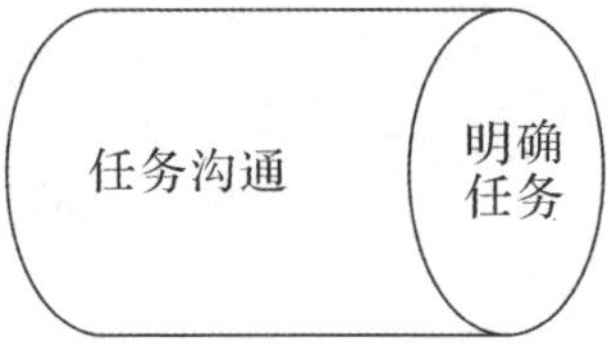

图 6－8　华为人工作前要进行任务沟通

作时，必须积极与领导进行任务沟通，完全搞清楚之后再行动（见图6－8）。

需要搞清楚的关键点是任务的具体内容和完成期限。

有一次，当一位麦肯锡部门的负责人接到领导交给他的一个“调查金融机构现状与动向”的工作后，他选择了与领导进行问题沟通，当场就与领导确认了这项工作的具体目的是什么和完成这项工作的期限。然后，他还与领导确认了自己所要完成的这项工作应该从什么方面开始调查，并由此建立了一个调查计划。

最后，他对领导这样说：“我准备从这个金融机构的经营战略与收益之间的关系入手，调查金融机构成功的关键，对各银行的规模、收益结构、经营战略、财务状况等进行分析，您看这样可以吗？”

上司听完后觉得这就是自己的意图，所以他说：“可以。”于是，该负责人顺利地展开了工作。

除了确认任务，员工一定不能忘记与领导确认工作完成的期限，很多时候员工会有这样的心理：领导把工作交给他们时并没有说工作期限，就想当然地认为这项工作不急，可以先放一放，等把现在自己手里工作忙完了再去做。可是过了几天后，当领导询问时才发现自己理解错误。为了避免工作中出现这种情况，你必须学会与领导沟通，无论认为这项工作多么简单，都需要与领导进行任务的沟通确认，确保自己的工作在正确的轨道上进行。

任务沟通确认

华为要求员工与领导进行任务沟通后，为了表明自己完全明白了，要和领导进行复述确认。因为有时候一项任务是由一个团队来完成的，这就需要选择任务沟通后采用复述的办法来确认团队是否理解了领导的意思。比如说，团队的所有成员在共同听取领导布置的工作任务之后，每个团队成员都将自己所理解的任务复述出来，人多口述会杂乱，可以选择采用书面形式复述出来，也就是团队中的每个人都写一份自己理解的任务说明书，再交由领导确认。

明确任务完成的标准。因为一项任务布置下来，到底要完成到什么样子，靠员工自己的理解是不行的，要有领导告知标准。举个简单的例子，一个员工接到领导给予的任务：策划筹备一个行业展览会。在与领导进行任务沟通后，员工可以按照“多、快、好、省”这4个方面来与领导进行沟通确认。

“多”就是多询问领导：希望这次展览会规模多大？预计准备多少个展位？每个展位的面积多大？预计多少人参加？

“快”代表完成的时间期限：这次展览会什么时候举办？前期准备工作截止到哪一天？从哪一天到哪一天？每天从几点到几点举行？

“好”表示此次任务的完成标准：这次展览会要达到什么档次？采用常规性的散发宣传资料，还是采用具有轰动效应的广告宣传活动？使用标准展位，还是特别装修的展位？

“省”则是如何解决开销：预计多少人准备这个展览会？这次展览会的预算资金是多少？物力资源有哪些？

以上这些都要与领导进行沟通确认，沟通确认过这些之后，员工的工作效率才能得到提高，任务才能不出差错地完成。

延伸阅读

如果你是一名企业的员工，读到这儿的时候，请你对你过往的工作进行回忆，自己有没有因为在接受工作时忽视了与领导沟通确认，导致你理解任务的时候出现偏差，最后导致执行走样。如果有，请根据以上内容进行错误纠正。

对于企业来说，如果一个团队内部缺乏有效沟通，那么，员工就难以获得在群体中的被认同感，难以与周围的环境进行互动。所以，管理者在对员工进行任务安排的时候，一定要先于员工进行任务沟通，让员工明白自己的任务是什么，才能更好地去工作。

反之，如果没有任务沟通，员工的任务完成就会出现各种问题，这个时候再不去沟通，员工就会变得工作责任心不强、工作积极性不够，那么企业的生产效率也会随之变得低下，影响企业的发展。

第七章

绩效反馈：找到问题根源才能提高绩效

对不少企业的管理者而言，为自己的下属员工做绩效考评是件非常令人头痛的事，其中最让人感觉到无从下手的便是绩效反馈阶段的沟通与指导。因此，掌握绩效反馈中的小窍门对管理者的日常管理工作大有裨益。反馈其实并不是一种抽象的、理论性的或有争议的行为，而是一种非常个人化的行为，与被评价人的相关度很高。事实上，好的反馈能够激发员工的主观能动性，让其明白自身的优势与不足，从而为将来的进一步改进与发展打下基础。

反馈面谈：告知考评结果并指出不足

对于很多企业进行的绩效反馈，大多数人都以为企业中绩效反馈的提供或接受都是一项消极和令人不舒服的举措。但事实并不是这样的，企业中的绩效反馈都是通过各种反馈情况强化积极成就本身，从而使得各级管理者和员工养成一种良好的习惯。这其中最常见的就是反馈面谈。

设置面谈计划，安排好反馈面谈

在华为内部，各级主管都管理着若干个下属，所以主管不可能同时面对一群人来面谈，只能选择一个个来进行单对单的面谈。这个时候就出现了一个问题：谁先谁后。针对这种情形，各级主管都必须有一个统筹的安排，即根据自己的工作安排，先与员工进行适当的沟通，之后拟订一个行之有效的面谈计划，完成后告知员工，让员工自己本身也能有一个心理和行动上的准备（见图 7－1）。

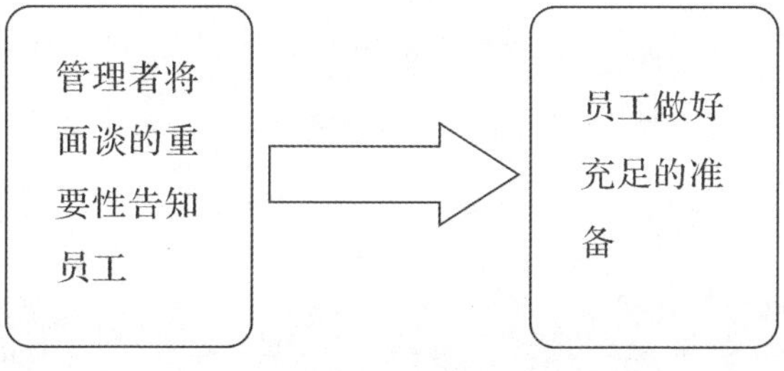

图 7－1　反馈面谈的前期工作

在绩效面谈的过程中，企业的管理者需要做到以下几点：

1. 向员工清晰反馈其绩效考核的结果。企业的管理者要在员工绩效考核结束后，及时向员工传达其在本绩效周期内业绩是否达到了既定的目标，在工作中员工的行为态度是否符合公司预定的标准，甚至是员工的工作能力是否能够得到提升都要表达清楚，以便于员工能对自身这一阶段的工作有一个清晰明确的认识。

2. 弄清楚员工绩效不合格的原因在哪儿。因为企业进行绩效管理的目的就是改进绩效。想要有效改进绩效，管理者们就需要和员工一起共同分析造成绩效不达标的原因。

3. 向员工传递公司未来发展的蓝图和目标。在绩效面谈中，企业的管理者可以将员工的工作目标与公司的未来发展目标结合起来与之交谈，这样能够让员工详细了解企业未来发展的大方向，同时自身也能感受到将要奋斗的目标所在。

为了留住优秀员工，华为要求人力资源经理在员工尚在岗时，最少每半年对员工进行一次反馈面谈，从而了解到员工对企业、对直接上司以及自身岗位的看法，在了解的基础上改变，以此来改善员工与企业之间的信任和沟通。

日常进行的绩效面谈主要目的是为了帮助员工如何改进自身绩效，以及下阶段如何更好地去工作。而年终绩效面谈的目的则更多与员工的年终奖金、职务晋升、职位变动、工资的增减和劳动关系的变动等有关。

除此之外，在设置面谈计划的时候，企业管理者一定要考虑到面谈的方式。因为整个反馈面谈中，面谈的过程非常重要。所以，要提前想好在面谈过程中的方式和方法，保证面谈会在融洽的气氛中进行，在愉快告别中结束。这样一来才能真正起到帮助员工提高绩效的目的，而不是最终演变成批斗会和辩论场什么的。

反馈面谈的正反两面

企业中对员工的绩效进行评价的时候通常会有正反两个方面，在肯定其优秀地方的同时，也会指出其不足之处希望员工能够及时改进。所以，在进行反馈面谈的时候，各级管理者也要确保对员工从正反两个方面着手，这样一来，既能鼓励员工不断发扬自身的优点，同时也能不断鞭策员工改进自身的不足。

正面反馈时管理者需做到真诚、具体和建设性。真诚是面谈的心理基础，因为要让员工真实地感受到领导确实是满意他的表现，所以不仅不可过于谦逊，同时更不可夸大其词，要让员工感觉领导是真情流露，而不是虚假的套近乎、扯关系。这样一来，员工才会真正地把表扬当成激励，工作中也会更加卖力。而且管理者在对员工进行表扬的时候，一定要对员工所做的某件事有针对性地具体提出表扬，而不是笼统地说员工表现很好就完事。也就是说表扬一定要“值钱”，不是什么都去表扬，也不是随时随处都表扬。例如：可以在员工为了赶一份计划书而加了一夜的班后，对其说：“你加了一夜的班赶计划书，领导对你的敬业精神很赞赏，对计划书的编写很满意。”而不是干巴巴地对员工说你加班很辛苦，表现很好之类的话。

管理者在对员工进行正面反馈时一定要让员工知道他的表现已经得到了企业的认可，这样做的目的是为了强化员工的正面表现，并且使其继续做出更优秀的表现。当然，不能忘了最重要的一点：给员工提出一些建设性的改进意见，以帮助员工获得更大的提高和改进。

而对员工进行反面反馈时，管理者需多注意客观、准确地描述员工工作中存在的不足，要做到对事不对人，描述的时候只讲事情，不要做判断。只有客观准确地描述员工的行为所带来的后果，员工才会下意识地认识到自身存在的问题，开心地去改正。同时，管理者也要多站在员工的角度去思考，多听取员工本人的看法。在员工的想法上有针对性地对其进行指导，多与员工探讨他们下一步需要进行的改进措施。

基本上只要管理者完成了上述准备工作与认知之后，就可以与员工进行反馈面谈了。为了能够在面谈的过程将反馈达到一个很好的效果，还需要仔细观察员工的情绪，适时进行有针对性的调整，使面谈按计划稳步进行。面谈一定要选在一个无打扰的环境中进行，同时还要保证不会被电话和外来人员打断，这样做才能获得更佳的面谈效果。

同时为了能够获取更加职业化的高效绩效反馈面谈，在和员工面谈结束之后，管理者一定要和员工形成双方认可的备忘录，在这个里面记录与员工面谈结果达成的共识，同时也要对暂时还有异议没有形成共识的问题重点关注，之后就可以选择和员工约好下次面谈的时间，然后就第一次没有达成共识的问题进行二次面谈（见图7－2）。

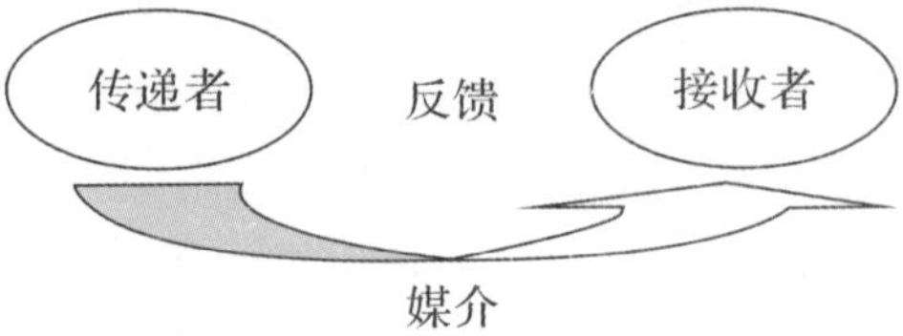

图7－2　反馈面谈沟通

延伸阅读

在绩效反馈中，一个有效的反馈面谈应该包括：

1. 你觉得公司目前的表现如何？你所在的团队表现如何？你的经理表现如何？

2. 你觉得自己的工作表现如何？你对工作的哪一方面最感到满意？你对工作的哪一方面最不满意？你会对自己的工作做哪些改进？

3. 你觉得你和你的经理关系如何？他需要做些什么以改进自己的管理风格？你希望他从现在开始做哪些事情、停止做哪些事情、继续做哪些事情？

4. 如果让你来变革公司，你会变革什么？公司如要提高自身，应该再进行哪些变革？

5. 你在工作中获得了足够的支持吗？你充分获得了与自己的工作绩效相关的反馈吗？

6. 你觉得公司能帮助你实现自己的职业目标吗？

7. 你有没有获得足够的培训，以便有效地完成自己的工作？

8. 你最喜欢公司哪一点？最不喜欢的又是哪一点？
9. 你对公司的绩效评估流程感到满意吗？
10. 你对公司的福利满意吗？

面谈隐私：过程不涉及与第三者对比

当管理者经过充分准备后，可以就员工的考核结果与员工展开面对面的反馈了，管理者在面谈中应注意要多留出充分的时间让员工发表意见。同时还要做到对事不对人，只谈绩效而不涉及人格。最重要的一点就是千万不要将被考核者与第三者比较。并且，避免谈话的内容被第三者听到，否则会影响到员工的情绪，员工就无法在沟通的时候做到坦率和具体，所以管理者选择的谈话场地一定要尽可能地免受干扰。

营造良好的沟通氛围

基本上，在所有的企业中，面谈阶段都是考核者和被考核者双方都比较紧张的时期。所以，在进行绩效反馈面谈沟通的过程中，管理者不仅要做好关于面谈时间、地点、方式、角度、内容等的准备，同时更要营造一个良好的沟通氛围（见图 7－3）。要与自己的下属员工进行沟通，首先一定不要有一种“居高临下”的姿态，不然很容易影响到员工的心态，导致

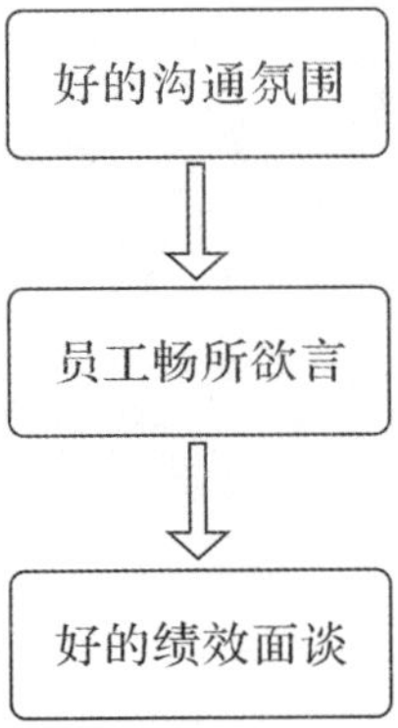

图 7－3　好的沟通氛围促使绩效面谈的成功

员工不会讲真心话或是对一些事情的看法有隐藏。所以，为了让员工畅所欲言，就需要管理者放低自己的姿态，让员工觉得自己只是在进行一次聊天，没有任何的心理压力。这样一来才能真正听到员工的真实想法。

所以，华为要求各级管理者在进行反馈面谈的时候，先要扪心自问一下：你愿意放下架子、腾出时间，与下属促膝谈心吗？对于下级的需求，你是否愿意倾听？下属工作中出现的问题，你真的用心理解和分析了吗？下属的想法你真的听懂了吗？

在思考过这些问题后，再与员工进行面谈，就能很好地促进管理者与员工之间建立起一种信任友好的沟通氛围。如果氛围比较紧张，那么双方之间的信任感就建立不起来，员工就会想当然地把反馈面试理解为走过场，沟通效果自然也就大打折扣了。想要建立起一个良好的沟通氛围，通常可以采取这几种方式：

1. 选择以员工的兴趣、价值、需求和目标等为切入点，强调双方所共有的事物，为面谈营造一种和谐的气氛，从而顺利地达到沟通的效果。

2. 激发员工的投入态度，让其用更多的热忱投入到工作创造中去，使得目标能够更快完成，也为其随后进行的沟通创造出一种积极的气氛。

3. 不断观察员工在交谈中的情绪，觉察到员工情绪的变化，将潜在的冲突状况予以化解，避免讨论演变为负面宣泄或生出破坏性来。

4. 创造安全的情境。为了提高员工的安全感，管理者在与之进行面谈的时候要注意保密性，营造出私密的沟通空间，并且要接纳员工的感受、态度与价值等。

把握面谈沟通原则

管理者在把握沟通原则时要时刻注意如何开始、怎么平衡听讲问，以及如何快速确定下阶段目标，这就要求管理者做到以下几点：

1. 表扬——批评——表扬。

管理者在告知员工考评结果的过程中，要时刻注意对绩效结果、绩效行为进行描述，而不仅仅只是定性地给出一个判断，而且切记描述不要笼统要具体，把握住“表扬——批评——表扬”的节奏，正向评价后指出不足，之后还是要表扬。比如，管理者可以这样与员工讲：“你的工作干得还是很不错的嘛，比如……但是，这其中也存在一些问题……所以这次的考评等级是……不过你的成绩还是非常好的，我对你是充满了信心，相信你更加努力后工作会更加出色的。”（见图7－4）

图7－4　面谈沟通的原则

2. 在员工心中强化“我在认真倾听”。

在进行面谈的时候，为了让员工感到友好和信任，管理者在沟通中一定要与之保持良好的目光接触，但切勿直勾勾地盯着员工，造成他们的不适。而且在倾听过程中，管理者要做到恰当的以开放式为主的提问，要让员工在明白领导确实在认真倾听自己所讲述的内容的基础上还能获取充分的信息。比如，管理者可以这样问：为什么你会这么看呢？你觉得这其中的问题是什么呢？以保证在面谈的过程中与员工时刻确认看法，及时澄清自己要表达的信息，防止与员工之间出现误解。

3. 做好对员工产生消极与对立情绪的处理。

通常情况下，在进行面谈前，员工多数都会对自己的绩效等级有一定的期望值，如果在面谈中得知并没有自己预期的那么理想后，必然会有一些情绪。这个时候就需要管理者先接纳员工的感受，让员工把情绪表达出来，比如“我能理解你此时的感受，你是不是觉得……”“我能感觉到你现在……我们来看看是哪里出了问题”等类似这样的话语，然后等到其情绪平复后，再与其进行沟通。

如果遇到员工讲出了攻击性或强烈报复性的言辞的时刻，千万不要再往下接，要赶紧进行转换。比如：当员工情绪激动开始抱怨公司对其的各种不公平，管理者可以这样说：“我很愿意听你说，但是这个并不是我们现在要谈论的话题。”假如遇到员工出现沮丧逃避的情绪时也要进行转换，可以选择对员工多问一些开放式的问题或是咨询员工会产生这种情况的原因，从而引发员工的思考，带离其关注点，开始想象自己未来的改进。

延伸阅读

在面谈的时候，当员工对管理者提问题的时候，管理者要给予一个让其满意的答案。例如，如果有员工问："我最近得到一个负责执行绩效评价的管理职位，我知道这是一项非常有挑战性的工作。我该如何做好这一工作？"

管理者可以这样回答："年度绩效评价往往是人们接受有关其工作情况反馈的唯一时机。比较好的做法应该是使提供反馈和征求反馈更加规律化，以便问题一出现就可以被解决。如果马上要进行绩效评价了，要确保你要熟悉被评价者的客观目标。为支持你的反馈，要收集积极的或消极的具体实例。反馈中不能相信道听途说的消息。如果被评价者不善于接受，你的意见或建议也不能太极端。如果走了极端，就可能落入戒备误区，导致绩效评价草草结束。"

肯定员工：绩效结果再差华为也不会让你“难堪”

企业中，基本上员工都会在自己达到绩效目标后，从内心希望领导能在绩效反馈中给予自己及时、明确的肯定与鼓励。众所周知，中国的员工向来都是谦逊内敛的，从不轻易向别人表露自身对于赞美与表扬的渴望。可是人性使然，一个人在这个世间生存，内心深层次的需求与期望是希望能够得到欣赏和赞扬的，比如，很多员工会说：“我其实就是想听他那一句话，可惜他到最后都没有说。”从这句话中不难想象，当员工一颗心满怀期待却又备遭领导冷落与忽略后该是何等的沮丧。

关注员工的职业发展

对于很多绩效优秀的员工来说，他们往往非常期待绩效的反馈能帮助自己进一步提升个人能力、更快地实现职业发展。所以，如果管理者在面谈中一味地进行没有实质内容的反馈，那么对于此类员工而言这种面谈就堪比鸡肋、味同嚼蜡。

而且，很多员工是带着需求来接受管理者反馈的。所以，作为直接的管理者，在面谈时应有针对性地满足员工的这些需求。

有技巧地对员工进行批评

在很多企业中，经常会听到这样的埋怨：“劈头盖脸地批了我一大通，我也认了，搞砸了还能不挨批吗？但我做不好你也没提供任何的指导，一句有用的话也没有，说不出个所以然，就会骂人。”从中可以看出很多的管理者在进行绩效反馈的时候，将员工当成了自己情绪发泄的对象，而没有给员工任何建设性的意见，除了徒增员工的不满，再没有任何意义了。

在华为，领导干部在对下属员工批评时，并非只是用常有的旁敲侧击、先扬后抑这两种软着陆批评的方法，同时还会对下属进行“以假乱真”“弦外之音”“虚中有实”等软着陆的批评（见图7－5）。

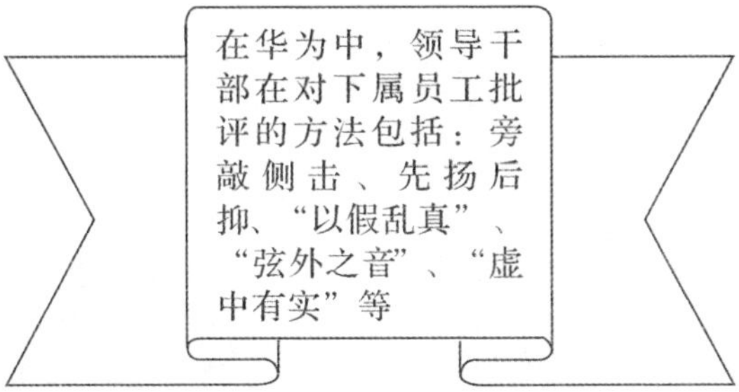

图7－5　华为批评员工的方法

华为之所以会实施这种软着陆的批评是因为通常作为领导者，在与下属员工谈话时，软着陆的批评才能更好地赢得下属员工的好感和尊重。不过，切记不要在进行软着陆批评时，抛弃原则说虚伪的话，或者是刻意讨好下属员工，不然很容易弄巧成拙。

对员工的软着陆批评，华为是既讲究原则，又充分尊重下属员工，这样才会使员工在不难堪的情况下欣然接受。英国作家托马斯·富勒曾说：“失足引起的伤痛，很快就可以恢复。然而，失言所导致的严重后果，却可能使你终生遗憾。”咱中国也有句老话：“饭可以随便吃，话不可以随便说。”

因此，华为要求各级管理者在面谈中，即便是员工的绩效再差，批评的时候也一定要有充足的证据，同时委婉地表达。也可以采用鼓励式的方法，比如可以这样说：“我希望你下次能发挥出你的全部能力来。”

批评要带着表扬的票

管理学者黄鸣先生有一句名言："批评要带着表扬的票。"可谓一语道破了玄机。

美国前总统柯立芝有一位长得非常漂亮的女秘书，但工作中却常常粗心大意犯了很多错误。一天，当柯立芝早晨上班时看见了女秘书，就对她说："今天你穿的这身衣服真漂亮，正适合你这样漂亮的小姐。"女秘书顿时受宠若惊。正喜不自禁的时候，柯立芝接着说："但也不要骄傲，我相信你同样能把公文处理得像你一样漂亮的。"

就是这样的几句话，从那天开始，女秘书在处理公文时竟然很少出错了。一位朋友知道了整件事情的经过后，忙询问柯立芝："这个方法很妙，你是怎么想出来的？"柯立芝说："这很简单，你看见过理发师给人刮胡子吗？他要先给人涂些肥皂水，为什么呀，就是为了刮起来使人不觉得痛。"朋友恍然大悟。

这个故事中的批评产生了"肥皂水效应"：就是将批评夹在赞美中。这些都是管理者们应该学习的，因为只有将对员工的批评夹裹在前后肯定的话语之中，才能有效减少批评的负面效应，从而使被批评的员工能满心愉快地接受对自己的批评。

在华为，各级管理者们被要求在对员工进行绩效反馈面试的时候，批评要有方法，要始终记得批评的目的是为了更好地激励。虽然有的时候员工的有些做法确实有失妥当，批评是必须要进行的，但是有关其具体的优秀表现也是不可抹杀的，管理者要在批评的同时给予员工适当奖励，保证员工内心的平衡。如果员工能够认识到自己的错误，管理者更应尽快结束对其的批评，毕竟，过多的批评会让员工感到厌烦。

再加上有些员工出错之后往往已经非常自责了，这个时候如果管理者再一味地批评的话只会雪上加霜，员工会因为厌烦而离职或自弃，这些是很多管理者都不愿意看到的。所以，如果员工犯错后，管理者贴心斟酌，只点出事情的严重性，这样一来，就会让员工产生感谢之情，成为员工愿意改进的动力。比如“我发现你的工作每次都有进步，我真高兴，相信你一定能给本部门做出更大的贡献”这样的话语，会让员工在接受批评后备感温暖，工作起来才会更有激情。

延伸阅读

华为给各级管理者在绩效反馈中提出五条建议：

1. 提供建设性的正面反馈。你不能只告诉他干得不错，这是不够的。你要告诉他怎样才能改进。你说得越具体，他就越能把你的话转化为实际的改进措施。

2. 要让“持续提供反馈”成为你的习惯。也就是说你要经常寻找机会对员工的工作绩效进行反馈，告诉他什么地方做得好，什么地方需要改进。

3. 建立一个体系，确保给予足够的反馈。针对有多名员工的管理者，需要你系统性地记录对每个“他”的反馈，提醒你对每个人做出合理数量的反馈。

4. 在员工工作时进行反馈会比事后反馈更有震撼力。

5. 准时进行年度绩效评估。

逐一对待：华为针对不同员工的绩效不同对待

华为员工绩效考核管理办法中，针对不同的员工采取不同的绩效考核方式。绩效反馈也是如此，在绩效反馈面谈中，管理者会遇到各种各样的员工，所以反馈面谈如何进行，主要取决于每个员工的具体情况，和管理者用什么方法对待每个员工。这就好比两个员工都是由于缺乏经验造成的绩效低下，但是一个员工愿意学习经验，而另一个则对自己的成绩低下漠不关心。针对这两个员工，管理者要运用不同的绩效反馈方式，对第一个员工多给予耐心和支持，而对第二个员工则需要在面谈的时候谈及纪律惩罚的问题（见图7-6）。

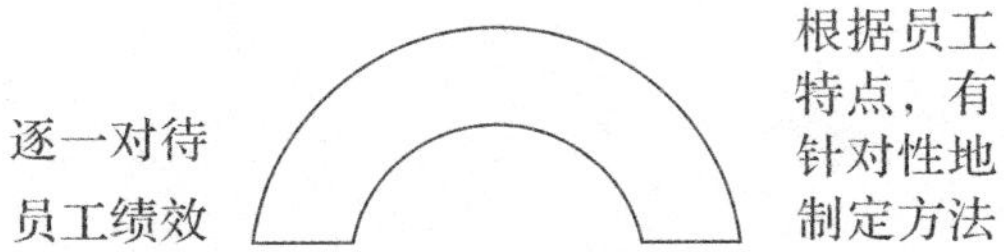

图7-6 华为针对不同的员工实行不同的绩效反馈

因此，华为针对不同的员工实行不同的绩效反馈方式，具体做法如下：

1. 针对绩效差的员工，华为的管理者们与他们进行绩效反馈面谈时，不会因为他们绩效差就直接选择放弃或置之不理。华为都会针对不同的员工，在面谈中与之一起分析绩效差的原因，不会像大多数的企业只是一概认为是员工自身的个人问题。同时，华为的管理者们还会对那些因为绩效差而变得自卑的员工进行鼓励、劝导和指引，帮助员工有效提高自身的绩效。

2. 对于那些绩效无任何明显进步的员工，华为的管理者会选择在面谈中详细了解员工绩效总是徘徊不前的原因。在面谈开始之前，还会着重分析一下员工绩效不能进步的原因。在面谈的时候，开诚布公地与这类员工进行交流，从而查明他们绩效没有进步的原因，然后对症下药。比如：如果员工真的是因为自身个人的动机不足造成的绩效低下，华为管理者就会在充分肯定员工的能力上使用“激将法”，像是“你看，×××原来还不如你呢，现在人家都超过你了”，从而激起员工的上进心。但如果只是员工现在的工作职位不适合的原因，华为的管理者就会在帮助员工分析合适职位的同时，听取员工自己内心的想法，综合起来再做决定。假如仅仅只是员工错误的工作方法，那么管理者也会帮助员工一起分析在哪些方面可以改进。总而言之，针对绩效无明显进步的员工，华为的管理者做到既能让他们看到自己的不足，同时也会切实地为员工着想，帮助他们找到有效的改进方法。

3. 喜欢发火的员工，在面谈的时候，很容易会和管理者发生意见冲突，甚至有的时候会发火。在这种情况下，华为管理者始终耐心地听员工把话讲完，不急于一时地争辩，而是等到员工冷静下来后，再和员工一起去找寻他会发火的原因，有针对性地分析问题。

4. 如果是面对优秀员工进行绩效反馈，华为的管理者在与员工面谈时会选择以鼓励为主，并且多了解他们做得好的典型行为。同时还会在面谈时多花时间去详细了解员工对于未来的发展设想，在这个基础上为员工创造发展机会和空间，制定员工未来的发展计划。但绝不会轻易做出加薪或晋升的承诺，以免到时不能兑现而出现不必要的矛盾。

5. 如果是面对沉默内向的员工，华为的管理者在绩效反馈面谈的过程中，通常会选择主动问员工问题，缓解员工在交流时的局促不安和紧张，善于多提开放性的问题使员工能够有更多表达的机会，多征询员工对每一件事情的意见，迫使员工说出更多的话。

6. 如果面对的是过分雄心勃勃的员工，他们有可能是成就动机过强，华为的管理者就会多给这类员工提出有关于他们未来的设想和计划。同时还会用事实向他们表明一些他们的绩效中现存的差距，帮助他们制定现实的计划。

识别出重要任务员工

华为总是想方设法找出哪些员工能够给公司带来重大的收入与消耗大量的成本。一线员工能够直接将公司的产品和品牌传递给消费者，同时公司能够通过他们的优质服务与竞争者抗衡。由此可知，一线员工就是华为的重要任务员工。

因此，针对这类员工，华为规定各级管理者要着重对这类员工加强反馈跟踪。举个例子，如果重要任务员工这样问："在最近一次绩效评价中，我收到了一些反馈，我认为这些反馈没有道理，歪曲了我的动机，处理这种情况最好的方法是什么？"

管理者需要这样回答："你收到的反馈可能来自一些没有丰富实践经验的人，或一些对本次绩效评价过程不满的人。假如反馈情况属实的话，你可以对其提问一些有针对性的问题，使他们更加清楚他们做出反馈的目的，并让他们对你提出一些建设性的建议。就比如，如果他们对你的评价是你最近表现很差时，你应该询问是什么给他们留下了这种印象，他们希望你下次应该怎么做。你也可以选择解释一下自己的方法，并请求他们认真考虑附加因素。当然，如果你始终认为自己做得合适的话，就可以告诉反馈人，他们的反馈对你造成的感受，以便他（她）有机会改变其反馈风格。"

现在这个竞争激烈的时代，华为专门针对重要任务员工设置不一样的绩效反馈面试，不仅要对他们的工作绩效进行肯定，同时还必须对这类员工创造工作绩效的环境有一个综合全面的评价。

识别出关键任务员工

通常情况下，华为针对那些能够对企业的总体绩效好坏有着特别重要作用的员工着重进行绩效反馈。这种类型的员工，华为称为关键任务员工，一旦把这些员工确定下来后，就可以迅速诊断出华为在绩效方面存在哪些问题，从而很快实施相应的计划，提高员工的绩效。绩效反馈面谈对于现在很多的企业员工来说，是个新机遇，如果做得好的话能够成为员工创造价值的新源泉。

延伸阅读

华为有许多用来提高员工工作绩效的方法可供其他企业进行学习，包括改进工作流程、绩效反馈、电子化学习、知识管理和移动应用技术等。这其中，绩效反馈非常重要，值得重点关注。

专业反馈：华为的反馈只是就事论事

反馈实际上代表的是一份礼物。华为在对员工提供绩效反馈时，其主要动机就是使员工的某一行为变得更好。所以华为要求各级管理者在与员工进行面谈的时候要做到就事论事的专业反馈。

专业反馈的要求

华为之所以要进行专业的绩效反馈，主要目的是为了能够有效提高员工的学习能力。就事论事是为了让员工自己在反馈结果的基础上寻求改进，同时也帮助员工学会改进工作流程（见图7-7）。

图7-7 专业绩效反馈的目的

华为的专业反馈是指管理者在对员工进行绩效反馈的时候能不带私人感情地明确指出员工工作方法优劣和工作结果好坏的信息。毕竟假如管理者对员工的某一反馈工作做出的评价越明确，那么对改善员工的工作质量和激发他们内心对成功的渴望就更有价值。

为了能够有效保障员工收到有效的反馈，华为要求管理者一定要在进行反馈时促使任务清晰度最大化，也就是一定要就事论事。要知道，一个具体、准确、包含丰富信息的、可以控制的反馈，能够为员工提供最大的任务清晰度。

比如：如果管理者在绩效反馈的时候，没有任何感情色彩地告诉员工，因为他上次曾在电话里向客户承诺，帮助客户查找某个信息并且告知，但是后来却给忘记的事情，这算是绩效没有完成好的表现。因此，员工要有责任地将这件事情做完，并且需要想出更好的办法，令自己跟踪并实践这些承诺。这样一整套下来才算是对员工进行的专业反馈，只是就客户承诺的这个事情进行讨论，不牵扯员工其他方面的绩效。这样一来，对于员工来说，其任务的清晰度更高，员工也能更清晰地看到工作表现与工作结果之间的联系，从而认识到自己的工作绩效。

专业反馈的具体做法

很多时候，一个好的反馈系统可以帮助管理者跳出某些思维定式。所以，华为要求各级管理者要有计划地完成对员工的专业绩效反馈。例如，如果管理者自己在审计报告送达客户手上之前，全部认真地检查了一遍，并且也将错误的地方标记了出来，再将它们发回给员工作进一步修改。让员工根据检查清单上所列的项目，彼此之间进行复核审计报告，并订正错误之处。管理者为确认该工作程序在正常运作，只是偶尔抽检一份报告。这两种情况中，华为做的是第二种，因为第一种很多事情其实都是员工在做，而第二种则是如何激发起员工将工作做好的内在动力。很多时候，只要员工清楚管理者的意图，并对此感兴趣，他们就能够帮助其发现大部分的错误。

所以，为了设计专业的绩效反馈系统，一个最好的办法就是与员工合作设计。具体做法如下：

1. 首先是设定出一个明确的目标，而为什么要设定这个目标理由一定要充足。比如，管理者如果希望员工对客户更好一点，那么就要具体告知员工这样做的理由是为了促使客户流失率降到最低。针对这个目标，管理者可以与员工展开讨论，在达成一致意见后，再把它写下来。

2. 为了顺利实现目标，并且保证清晰可量化，需要管理者设计评估标准。举个例子：管理者和员工为了能够顺利实现目标，可以选择对客户进行满意度调查，或是在电话中询问客户是否对你们的服务满意或有什么需求等，以此估算并绘出客户流失率走向图，同时还要记录员工在与客户通电话的时候能否保持微笑等。其实很多方法都是有用的，需要管理者思考和把握。

3. 管理者要和员工对有效的评估标准达成一致意见后方可分派员工去执行，千万不要在不听取员工意见时就派任务，员工很有可能不会去完成。举例，只有当员工可能同意将客户要求记录下来并跟进其解决过程的时候，管理者方可从中选出一名员工，由他来设计一个跟进表格，接着就是在之后的每周员工大会上让每个员工都与大家分享一下他们取得的成果。

总而言之，绩效反馈是一个参与式的流程，主要目的是为了鼓励员工更多地参与到属于自己的反馈设计和管理之中。可以说这是华为在绩效管理反馈中运用的一种先进方法，能够最大限度地激发员工的积极性，使其绩效达到最高水准。

延伸阅读

反馈并不是一种抽象的、理论性的或有争议的行为，而是一种非常个人化的行为，与被评价人的相关度很高。而企业中绩效反馈的提供与接受是众多专业沟通之一。所以华为管理者清楚积极鼓励要比批评更能激发实际业绩，这一点也巧妙运用于他们的绩效反馈中。

反馈指的是一种向被评价人传输别人对其评价的机制，反馈涉及双方人员：一方是反馈提供方（评价者）；另一方是反馈接受方（被评价者）。反馈不仅能向被评价人提供评估其行为的机会，同时也能促使他们考虑是否改变其行为，及对行为改变产生的结果进行反思。一句话概括之，就是双方都可以从对如何管理动态反馈的理解和学习中受益。

第八章

绩效辅导：华为的辅导和调整是团队协作的结果

绩效辅导是绩效管理的生命线，很多公司的绩效考核之所以失败，很大程度上是因为绩效辅导这个环节没有做好。正因为华为实施了卓有成效的绩效辅导，对员工的绩效提出了建设性的改善意见，才使得员工的绩效承诺得以顺利实现。华为的辅导和调整是团队协作的结果，注重个体和团队之间的协作互动，是华为绩效辅导成功的关键。

团队调整：这是华为与其他企业绩效辅导最大的不同

华为绩效辅导和其他企业最大的不同在于，华为针对员工在绩效考核中的表现，会进行相应的团队调整。一般而言，在绝大多数企业中，都会强调员工必须要进行自我调整，最大限度地去适应团队，将自身完全融入团队中。虽然华为也强调团队融合的重要性，要求员工适应团队，搞好团队协作，但是华为并非呆板固执地死守这一点，当员工因为所在团队因素而导致绩效不甚理想时，华为会有针对性地对员工进行团队调整，以期使每个员工都尽可能在自己最擅长的领域、最喜欢的环境中工作。

根据绩效，推动员工循环流动

任正非认为在华为内部的人才是可以根据绩效流动的。任正非用喜马拉雅山的水流入亚马孙河比喻在零距离的互联网时代，团队和团队之间的人员是可以流动交换的。一个团队内的人员在绩效考核中表现得好或不好，都可以抽调到另一个团队中去支持那里的战斗，去锻炼自身的才智，让优秀者得到更好的锻炼，获得更大的发展空间，让绩效不佳者换一个环境，在新环境中充分挖掘出自身的潜能，以期更好地完成个人绩效承诺。

任正非不止一次地强调："我们要推动队伍循环流动，进一步使基层作战队伍的各种优秀人员在循环过程中能够流水不腐，形成整个公司各个层面都朝向一个胜利的目标，努力前进和奋斗。"所以华为鼓励绩效优秀的员工在公司各个团队中流动，一方面可以锻炼这些绩效优秀员工的能力，拓宽他们的眼界见识，给予他们更大的发展空间，另一方面也可以让这些人将优秀的绩效实现方法传播到公司更多的团队和部门，起到“以点带面”全面提升公司绩效的作用。

由此可见，华为的团队调整和一般企业存在着明显的差异——华为往往不是把绩效差的人调整出团队，而是把绩效最好的员工“发配”到各地（见图 8－1）。

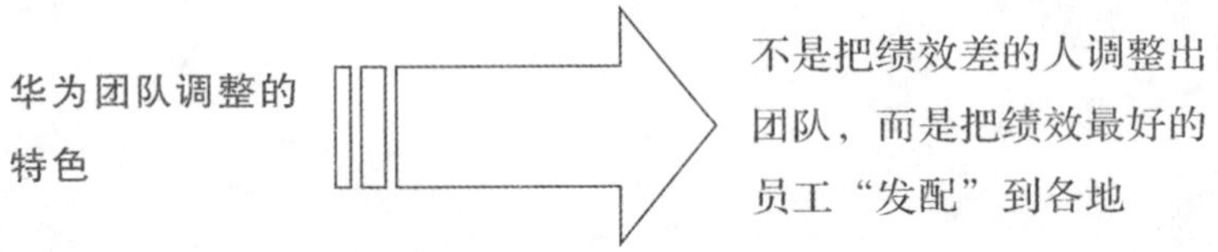

图 8－1　华为团队调整的特色

一位华为的工程师在文章中写道：“我们开始都不理解，为什么公司派绩效考核最好的人去农村、去基层……后来终于明白了任总的苦心。只有最好的人去，才能有感受，有了工作的激情，才能真正了解基层，回来以后也才能真正改进工作，为公司创造更好的绩效。”另一位员工感言：“在华为的短短几年，我得到了难以想象的丰富经历，从研发，到市场，到服务，在其他企业是完全不可能的。”

坚持开放与包容

华为总裁任正非在不同场合多次强调：华为不是培养牧师、和尚的地方，华为是一支商业部队，华为要容得下各种有才能的异类。任正非认为作为公司领导者，要秉持开放、包容的态度，允许那些绩效突出的员工在各个团队中历练，鼓励这些人为公司做出更大的贡献。

很多企业界人士一直都有这样的疑问：为什么中国企业界一直出不了乔布斯这样的人物？说起乔布斯，就不能不提一下他的个性——乔布斯早年曾经吸毒，浑身都充满异味，即便在成为苹果“教父”之后，乔布斯也依然没能改变不爱洗澡的习惯，而且他的个性也比较乖张，行事风格充满了反叛因子……但是美国文化的开放性给予了乔布斯最大的包容，苹果公司并没有因为乔布斯身上存在的种种缺点而抛弃他，最终成就了乔布斯，也成就了苹果。

华为成立以来，坚持做一个开放的群体，始终没有停止过兼容并蓄。以开放为中心，和世界进行能量交换。任正非说：“只有开放，才有今天的华为。”

延伸阅读

管理好团队，管理者需要接受文化多元、价值多元、诉求多元，也就是要有包容的态度。很多企业往往将包容等同于妥协，其实不然。一家公司的生存和伟大，需要的是开放与包容：方向是不可以妥协的，原则也是不可以妥协的，但接受和消化异见，并将其调整为和谐，是很难但却很重要的事情。只有做到了开放和包容，团队才能越来越好，企业也因此发展得越快。

追根究底：华为人认为绩效差一定有原因

华为绩效管理的初衷和出发点不是对员工抑或组织的绩效进行评价，而在于帮助员工和组织改善绩效。华为希望通过绩效管理提升员工的潜能和绩效，而绩效评价则是这个过程的“副产品”（见图8－2）。

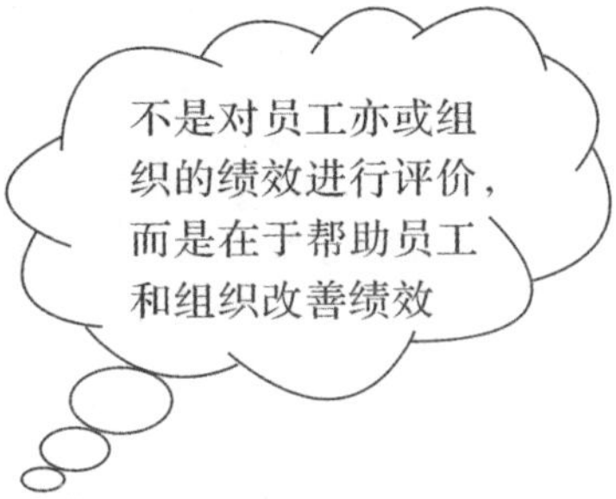

图8－2　华为绩效管理的初衷和出发点

追究员工绩效差

任正非认为，绩效管理不是跟别人比，而是跟自己比，绩效差一定是有原因的，只要找出这些原因，有针对性地进行分析、破解，追根究底，那么员工在之后的工作中就能避免再犯同样的错误，不走或者少走弯路，这样一来，绩效相对之前自然也就提升了。

华为销售部门有位员工在月度考核中绩效不佳，部门主管找了一个时间，和那位员工进行了一次长谈，希望能够通过这次对话帮助那位员工找到当月绩效不佳的原因。主管首先询问那位员工对自身绩效不佳有何看法。那位员工想了想，将绩效不佳的原因归结为“销售不好做，客户太挑剔”。

主管听了之后并没有立即发表看法，而是拿出了那位员工当月的绩效考核表，指着其中“客户满意度”栏说：“销售不好做，客户太挑剔，这些都是客观原因，想要让客户买我们的东西，打开市场，做好客户服务是先决条件，你让客户满意了、开心了，那么你的业绩自然提上去了。这个月你的‘客户满意度’评分很低，你应该从这方面找原因。”

紧接着，部门主管讲了一位当月绩效考核优秀员工服务客户的故事：“有一次，公司的一位客户按照合同约定自提商品300多件，但在双方交接时发现，发货人员少计了6件商品。发现了问题，那位员工并没有置之不理，而是不顾自身工作紧张，立即赶到火车站，在时间非常紧张的情况下协助客户卸下商品，重新进行清点。那位员工经过多次清点，确信问题应该出在对方清点的方式上，经过检查，原来有几件商品捆绑在一起，客户当成1件商品了。”

“很多企业在遇到这种问题时会告诉客户，是他们的清点方法不对，让对方重新清点。而华为的这位员工并没有那么做，因为在他看来，客户永远是正确的；只要是客户需要的，就是他应该去做的。正是在这种客户理念的引导下，他才赢得了客户的支持和信任，业绩月月都是最佳。”

听了主管一席话，那位员工一下子明白了自身业绩不佳的原因：客户满意度方面做得不好，没能真心实意地践行“以客户为中心”的核心价值观。找到了这个原因，那位员工之后进行了有针对性的自我批判和改进，将主要工作精力集中在了做好客户沟通和服务上，而在下一个月的绩效考核中后来居上，顺利地完成了个人承诺的绩效。

详细了解员工绩效差的原因

华为绩效辅导中坚持追根究底的方法，帮助员工查找自身绩效不佳的原因，可以从根源上提升员工实现绩效的能力，最终让企业制定的绩效目标得以顺利实现。失败是成功之母，但重犯同样的错误是不应该的，也是不允许的，这正是华为绩效辅导“追根究底”的目的所在。

当员工绩效不佳的时候，管理者首先要明确一个问题：员工是否清楚地知道自己的绩效存在何种问题？通常，只有员工自身清楚地认识到自己的工作有错误和存在不足后，才会去改正，但很多时候，他们并不一定会认为那是自身一个需要改进的绩效问题。

这是因为员工的绩效问题通常不会显示在表面，而是需要管理者查找后才能找到，因此，就需要管理者对员工的绩效进行诊断，与员工一起讨论，找到员工出现绩效问题的真正原因，并与员工共同制定解决方案。

管理者要想知道员工是否清楚自己的绩效不佳，可以询问以下这些问题：

1. 你认为你最近一段时间绩效表现如何？
2. 结合你的岗位职责和考核指标，怎么做才是好的表现？
3. 结合你的岗位职责和考核指标，怎么做是不好的表现？
4. 你认为在你的绩效考核中存在的最关键的三个问题是什么？
5. 当你没有完成考核指标时，你如何分析原因？

延伸阅读

著名哲学家苏格拉底提出了“因果论”，认为不管哪一方面的成功抑或失败都不是偶然的，而是有一定的因果关系的必然结果，也就是说，每件事情的发生都会存在着一个理由，每个结果都有着特定的原因。“因果论”为人们的思维打开了一扇大门，人们将之称为人类社会发展的“铁律”。心理学家则将之归纳为：种瓜得瓜，种豆得豆，种下什么因，就得到什么果。华为绩效辅导“追根究底”的方法正是立足于“因果论”。

以身示范：华为中高层善于将自己打造成学习榜样

以身示范展现的是领导者在对员工进行绩效辅导时最常用的方法，也是最有效的方法，相对于纯理论的说教和培训，企业领导身体力行，做出榜样性的示范，那么全体员工自然也会默默地跟随，有样学样，对实现绩效的严肃性和迫切性自然也就会深入到每个人的血液中，成为员工完成自身绩效承诺的原动力（见图8－3）。

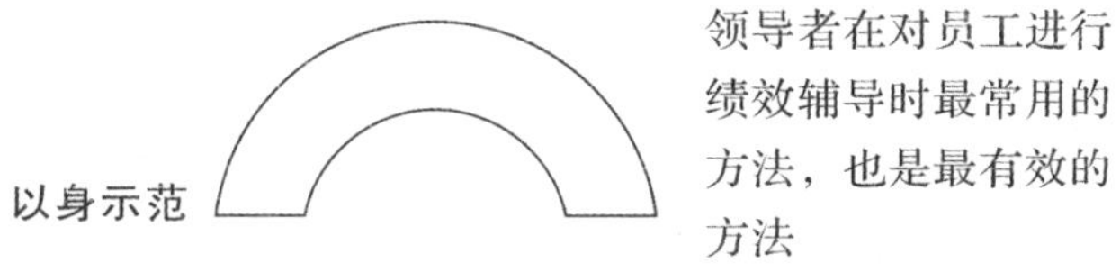

图8－3　领导以身示范的重要性

榜样的力量是无穷的

每一位优秀的领导人都深知“律己才能律人”的道理，也明晓“榜样的力量”，因为企业领导人对员工而言就如同一只领头羊，其他成员的目光会紧紧地锁定在领头羊身上，学习其一举一动。所以在绩效辅导中，领导者的身体力行、以身作则，就等于为员工上了一堂生动形象的绩效实施课程，促使他们为实现自身绩效承诺更加努力奋斗。

任正非深谙此道，在推动华为绩效辅导工作中，就非常重视榜样的力量。

任正非在内部会议上多次强调，管理者首先要敢于并时刻准备着“拿自己开刀”，做好榜样，做出绩效，这样员工才会心服口服地接受辅导，用更强烈的责任心和奋斗精神来践行承诺。

在华为内部流传着这样一个故事。在华为开始高速发展的时期，任正非偶然听到了华为两个业务员在聊天，得知公司有一个单子和客户接触了很久却没有什么大的进展，具体原因是客户单位负责该项目的经理经常去外地出差，华为的业务员很难和其面对面谈话，所以尽管去的次数很多，但每次都会扑空，最终只得无功而返。这样一来业绩自然就受到了影响，那位业务员担心自己会因此“颗粒无收”。

了解到详情之后，任正非对那个业务员说道：“不要泄气，能把对方资料给我看看么？有机会我去上门试试。”最初业务员以为任正非在开玩笑，不过还是很认真地将业务资料整理了一遍，交给了任正非。让业务员惊讶的是，三天之后他就接到了老板的电话，告诉他那个单子已经和对方谈妥了，通知他下午便可以去签约了。

和客户签约的时候，华为的业务员从对方口中了解到了事情的真相。原来任正非言出必行，真的去了客户公司，而且为了能够第一时间见到对方项目负责人，他竟然连续三天，每天都会抽出一个下午的时间到对方负责人办公室等候。甚至有一天一直等到晚上九点，连晚饭都没吃，直到对方公司加班的员工要下班了，他才离开。对方公司项目负责人知道这件事之后，非常感动，没想到为了签下这份合同，华为总裁竟然亲自登门，一连等了他三天，于是当即决定签约。

尽管那个时候的华为还没有现在这样炙手可热，但也已经依靠快速的发展和骄人的业绩成为通信行业的一匹黑马。任正非依然能够身体力行，为了一个小单子亲自出马跑业务，一连三天蹲守到客户的办公室，这种艰苦奋斗的精神为华为人树立了一个不灭的榜样，让华为上下对业绩的重要性有了更进一步的认识，让大家坚定了实现业绩目标的决心和勇气。

潜移默化，率先垂范

企业中，管理者的行为不仅影响着自身的工作效率，同时也会对下属员工起着潜移默化的作用，无形中可以教会员工在企业中该用怎样的方式和态度来对待工作。

当企业中一些中层管理者总是抱怨下属难以约束，缺乏创新意识的时候，他们就需要思考这些问题了：员工为什么会这样？问题的根源出在哪里？

俗话说“强将手下无弱兵”，很多时候想要下属员工工作努力、好约束、拥有创新意识的话，就需要中层领导者首先做到这些。因为一名不合格的中层领导者会在有意无意间堵住了员工的嘴，束缚了员工的手脚，甚至是禁锢了员工的思想，从而导致员工言非所想，做非所愿。

在管理学的论述中也这样讲道：“只有不称职的领导，没有不称职的员工。”由此可知，中层管理者对下代表企业，对上代表员工，当企业出现沟通障碍、信任危机的端倪时，这个时候就需要中层管理者们首先反思一下自己的工作是不是做到位了？是不是扮演好应该扮演的角色榜样了？

总而言之，语言的苍白无力决定了身教总是胜于言教。因此，中层管理者必须做到以身作则、率先垂范。

延伸阅读

在接受采访时，有记者问华为成功的秘诀，任正非说道：

“华为没有那么伟大，华为的成功也没有什么秘密！华为为什么会成功，华为就是最典型的阿甘，阿甘就一个字‘傻’！阿甘精神就是目标坚定、专注执着、默默奉献、埋头苦干！”

“华为选择了通信行业，这个行业比较窄，市场规模没那么大，面对的又是世界级的竞争对手，我们没有别的选择，只有聚焦，只能集中配置资源朝着一个方向前进，犹如部队攻城，选择薄弱环节，尖刀队在城墙上先撕开一个口子，两翼的部队蜂拥而上，把这个口子从两边快速拉开，千军万马压过去，不断扫除前进中的障碍，最终形成不可阻挡的潮流，将缺口冲成了大道，城就是你的了。这就是华为人的傻干！”

跟进到位：找到方法后管理者与员工一起实施

华为绩效辅导的目的是找出员工绩效不佳的原因，帮助员工更好地实现个人绩效承诺。华为绩效辅导是全程式的，在帮助员工找到绩效不佳的原因并制定提升绩效的方法后，华为管理者会和员工一起实施。

跟进到位的绩效辅导

华为绩效辅导“跟进到位”的重要体现之一就是：由员工上级全程指导，帮助员工解决在实现绩效过程中所遇到的具体困难。华为虽然在绩效考核过程中实施“个人承诺绩效”制度，但是却不是各扫门前雪。华为规定，作为上级，有责任有义务对下属进行绩效辅导，帮助下属分解绩效，找到绩效不佳的原因，改进方法和措施，为下属顺利完成绩效提供全程帮助。

华为启动国际化道路之后，开拓海外市场遇到的第一支“拦路虎”就是语言问题——很多外派技术人员外语水平不过关，不能顺畅地和客户进行沟通，所以那时候很多外派员工因为沟通不畅导致绩效不佳。

在这种情况下，华为管理层发起了全员学习外语运动，要求所有技术人员必须要学好外语，使之能够和客户流畅地进行沟通。那时候有一些老员工的外语水平很差，学起来很吃力，于是各部门主管以身作则，带头学习外语，和那些老员工一起每天坚持学习和练习，聘请外教给那些外语水平不佳的员工上课，提升他们的外语水平。

正是在这种全员学习的氛围中，华为外派人员逐渐能够流畅地和国外客户进行沟通，为之后开拓国际市场、创造良好业绩奠定了坚实的基础。

其实华为绩效辅导“跟进到位”的对象不仅仅限定在公司员工中，还延伸到了员工家属群体中，将绩效辅导的学习风气由公司带到员工家中，营造“处处学习跟进”的氛围。任正非认为，想要全面提升绩效仅仅限定在上班时间和员工个人身上是远远不够的，还需要将绩效提升的思想融入员工的家人身上。

全力推动“全过程学习”

所谓“全过程学习”，是指学习必须要贯穿企业组织系统运行的整个过程。一个企业要想成为学习型组织，就必须在自身运行的准备、计划、推行阶段同步推动员工学习，将学习渗透到企业运行的方方面面，让每一个流程都充满学习的氛围（见图8－4）。

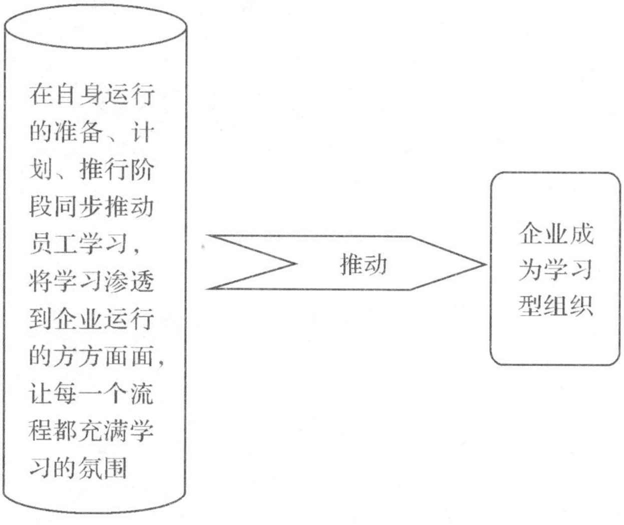

图8－4　构建学习型组织要做到的方面

除了针对员工个体，华为还大力推动团队学习，强调部门成员集中学习，重视集体智力的开发。建立学习型团队，可以有效增强员工对企业发展的认同感、创新积极性，并培养创新人才，提高企业经营素质和创新能力。在华为，项目小组是最基本的学习组织，各成员为了实现共同目标而组成一个学习型团队，通过彼此学习，互相帮助，最终实现预设绩效目标。

通过不断制定鼓励学习和创新的制度，促使全体创新为华为全体员工的自觉行动和组织的行为准则，企业领导者们的带头作用能引导和形成良好的企业团队学习氛围和创新动力。

“全过程学习”能使企业的领导者和员工拥有共同目标，从而促使团队形成向心力和凝聚力，在同一目标下形成学习和知识创造的共享意识和自觉行动。

延伸阅读

华为的“跟进到位”其实是一种“上级辅导＋个人奋斗＋集体学习”的绩效辅导模式。一方面上级要对员工进行全程式的绩效辅导，帮助员工解决实现绩效过程中的难题；另一方面，公司竭力营造一种全员学习的氛围，鼓励员工进行学习，不断提升自身知识储备。正是全程式的辅导跟进和不断学习，员工才会不断地将实现绩效道路上的一个个阻碍扫除，在发展道路上逐渐自我完善，永葆活力。

末位淘汰：辅导的最后一枚棋子

华为绩效辅导的最后一枚棋子是末位淘汰制。末位淘汰制是一种负激励法，能够激活组织提升团队以及个人的战斗力。在华为，末位淘汰制不分新老员工和管理干部，最终目的是向员工传递绩效考核压力，督促员工能够秉持艰苦奋斗的精神完成个人承诺绩效。

华为的末位淘汰

华为推行的末位淘汰制是绩效辅导的最后一枚棋子，对公司所有员工起到了一种警示作用。华为的末位淘汰制基本上遵循了GE前CEO杰克·韦尔奇推崇的“活力曲线”（见图8-5），即将20%的绩效优异员工定义为A类员工，将70%的绩效中等员工定义为B类员工，将剩余的10%业绩较差员工定义为C类员工。

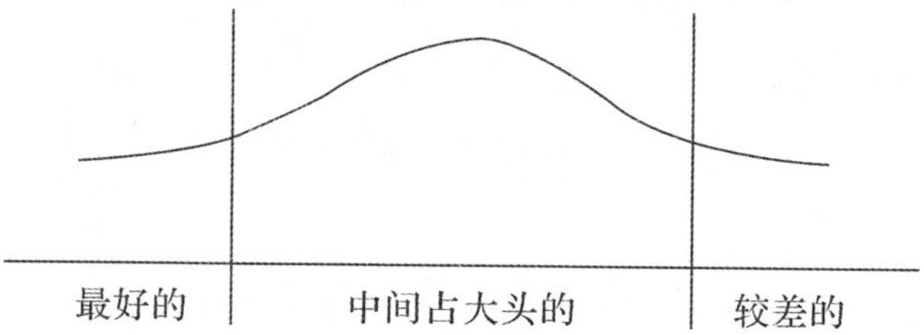

图8-5　活力曲线

韦尔奇认为，A类员工是激情满怀、勇于负责、思想开阔、富有远见的一批员工，他们不仅自身充满活力，而且有能力带动自己周围的人提高企业的生产效率。是否拥有这种激情，是 A 类员工与 B 类员工的最大区别，通用电气公司投入大量精力提高 B 类员工的水平，部门经理的主要工作之一就是帮助 B 类员工成为 A 类员工，而不仅仅要任劳任怨地实现自己的能量和价值，这就是绩效管理的魅力。C 类员工是不能胜任自己工作的人，他们更多是打击别人，而不是激励，是使目标落空，而不是使目标实现。作为管理者，不能在 C 类员工身上浪费时间，C 类员工往往是公司淘汰的对象。

不同的是华为将 C 类员工的比例缩小到全体员工的5%。华为通过合理划分员工的等级，按照季度对员工进行考核，将员工分为 ABCD 四级。A 级占到考核人数的15%—20%，B 级占到40%—45%，C 级占到35%，D 级占到5%。D 级就是被淘汰的对象，公司会要求其做出改进，提升绩效，假如在下季度考核中还是未能及格，那么这部分员工将会进入培训班培训，培训期间只能领取基本岗位工资。培训合格之后，经过岗位竞聘，公司会为合格者安排新的工作岗位。通过这种淘汰制，华为建立起了良性激励制度，保证了员工始终拥有足够的饥饿感。

另外，华为绩效为 A 级的员工奖金是绩效为 B 级的员工奖金的2.5倍，绩效为 B + 级的员工奖金则是绩效为 B 级的员工奖金的2倍。在华为，不同级别员工的绩效和奖金对比是非常明显的，绩效好的员工奖金和绩效一般的员工奖金差距巨大。这样一来，这种奖金差别就无形中营造了一种压力差，促使华为员工为了做好本职工作付出更多的努力。

任正非认为，华为必须要时刻保持危机感，华为绩效好的员工相对于其他人会享有更多的资源和福利，会吃得更好、更饱，爬得更高，绩效差的人则会拿得少，甚至被淘汰掉。假如绩效好的员工因为拿得多、爬得高满足了，懈怠了，那么后面的“饿狼”就会虎视眈眈地惦记着他的职位，他的职位就有可能随时被别人取代。

这样一来，所有员工，特别是那些绩效好的员工，为了保住职位和相应的福利待遇，就会马不停蹄地向前奔跑，时刻不敢有丝毫懈怠。而那些绩效差的员工也会因为拿得少，避免被淘汰，而想方设法地做出改进，增加自身绩效。

华为提倡“高压力”

为了能够让员工更有危机感，能够深刻保持进取，华为提倡“高压力”。这种高压首先表现在华为的危机文化上。任正非面向华为员工不断地高喊“狼来了”，通过《华为的冬天》《华为的红旗到底能打多久》等系列文章，提醒华为人冬天就在不远处，向华为员工灌输危机意识。正是这种危机文化，让华为员工始终能够清晰地感受到外部市场上的竞争压力，始终在为安然过冬储备能量，为了能够让公司更好地活下去而殚精竭虑地工作。

另外，为了保持华为的战斗力，保证绩效辅导的严肃性，华为从1996年开始就以市场部集体辞职为契机，引入了末位淘汰制，通过“干部能上能下、工作能左能右、人员能进能出、待遇能升能降”的四能机制，为华为员工持续加压，从而使华为各个岗位始终处于一种激烈竞争的状态，如此一来华为员工唯有不断进取，一往直前，才能确保自己不被后面的“饿狼”抢走职位。

任正非在华为内部讲话中经常会出现“沉淀”一词，他认为一个组织时间久了，老员工随着收益的增加和地位的稳固，就会慢慢地沉淀下去，成为一团不再运动的固体：他们拿着高工资，享受着高福利，但是却失去了工作的积极性。因此任正非喜欢针对老员工“搞运动”，认为只有老员工保持足够的危机感，公司才会始终保持活力。

1996年，号称为华为打下江山的以孙亚芳为首的市场部全体人员主动辞职，开启了华为重新竞聘上岗的改革之路。这次改革在华为内部被称为“再创业运动”，最主要的一个目的就是为了保持华为人的进取精神，保持中层干部队伍的“狼性”。

在这次改革中，一些人离开了华为，而留下来的人则更具开拓和创新精神，在岗位上更有拼劲，为华为创造了更多的财富。

2000年，任正非在“集体辞职”4周年纪念讲话中，对1996年以孙亚芳为首的那次历史事件给予了高度评价：“市场部集体大辞职，对构建公司今天和未来的影响是极其深刻和远大的。任何一个民族，任何一个组织只要没有新陈代谢，生命就会终止。如果我们顾全每位功臣的历史，那么就会葬送公司的前途。如果没有市场部集体大辞职给华为公司文化的影响，任何先进的管理、先进的体系在华为都无法生根。”

正是这种“沉淀”和高压，让华为所有员工始终不敢有一丝一毫的松懈，不努力向前，那么就会被后来者所取代，就会下岗。于是就有了华为全体员工的主动作为、积极作为，为华为的快速成长注入了强大的活力。

延伸阅读

任正非在华为推行末位淘汰制，也遭受到了来自各个方面人们的批评和质疑。但是，华为却一直坚持在这么做，并且也有条件这么做，因为它向人才提供的“桃子”足够大、足够多，它捆绑人才的“绳子”和抽打人才的“鞭子”足够有力，有许许多多的人才挤破脑袋想要到华为求得一席之地，这是其他大多数民营企业做不到的。从本质上看，末位淘汰制在华为的绩效辅导体制中起到了一个警钟作用，加速了华为内部人才的轮换升级，让华为始终保持旺盛的创造力。

第九章

绩效激励：华为的做法是"把钱分好"

华为成功发展的一个原因就是"把钱分好"，企业生存与发展本质上依赖利益驱动机制，而华为在效率优先、兼顾公平、可持续发展的价值分配基本原则下，强调全面回报的价值分配理念。

激励法则：“力出一孔，利出一孔”

不管是为了提升企业的竞争力，还是为了想让员工始终保持对工作的热情，都需要企业做好一件事——实行有效的激励法则。

一个企业在不断发展运行过程中不可能仅仅只沿着一个固定轨迹向前发展，因为历史的规律就是当企业发展到一定程度的时候会出现停滞现象，这个时候企业是选择一叶障目地继续沿着固定轨迹发展，还是未雨绸缪，用自己的雷达搜寻企业中有哪些可能变化的因子，让企业进入到拐点，让企业焕发第二次生机，继续向前稳步前进，都是企业需要思考的问题。

“力出一孔，利出一孔”

正如任正非所说，在历史上有很多大企业，发展运行过程中稍有不慎，就会过了拐点，进入到下滑通道，成为倒下的那一个。所以，要想避免“下一个倒下的”不是华为，就需要华为人始终坚持“力出一孔，利出一孔”。

所谓“力出一孔”，指的是华为的业务聚焦，也就是华为一直都在坚持的聚焦管道战略，即华为要沿着信息管道进行整合和发展，不管是在“云－管－端”的战略运用，还是华为在进军消费和企业市场时。

华为从 2013 年开始奉行“聚焦战略，简化管理，提高效益”。对于华为的聚焦战略，任正非用“力出一孔”进行了描述：“像美人一样的水，一旦在高压下从一个小孔中喷出来，就可以用于切割钢板。同样，火箭燃烧后的高速气体，通过一个叫拉法尔喷管的小孔，扩散出来的气流，能产生巨大的推力，可以把人类推向宇宙。可见力出一孔，其威力之大。”

所谓的“利出一孔”，指的是华为实行的“财散人聚”，主要是运用激励的法则保持华为内部的知识型员工艰苦奋斗，顺利地把自身打造成一家以知识为本的高科技企业，然后更好地持续为客户创造价值。这样也有效保证了华为管理层的廉洁自律，同时实行员工持股制度，使华为内部从组织上和制度上堵住了想要谋取个人私利的行为，使华为的堡垒坚不可破，绝不会从内部被攻破。

实行员工持股制度

华为 CFO 孟晚舟反复强调这样一句话：“过去 20 年，华为员工持股计划，为公司创造了强大的生命力。让所有员工深刻意识到，华为只有一条路——‘力出一孔，利出一孔’。”华为的员工持股制度就是由此而衍生的。

对于这个制度产生的过程，任正非在《一江春水向东流》一文中这样说：“我创建公司时设计了员工持股制度，通过利益分享，团结起员工，那时我还不懂期权制度，更不知道西方在这方面很发达，有多种形式的激励机制。仅凭自己过去的人生挫折，感悟到要与员工分担责任、分享利益。”

就是这样一个简单的认知，使得华为的激励制度和国内很多同类企业有了很大区别。

华为的员工持股制度具体的表现形式是：华为第一大股东任正非仅占 1.07% 的股份，其余 98.93% 都为员工持有。华为这一股权配置截至 2016 年的时候，华为内部约 17 万员工中的大部分员工都已经持有了公司股份（没有任何外部资本股东）。可以这样说，华为的这一创新举动直接促使了其成为全球未上市企业中，员工持股人数最多、股权结构单一和股权最为分散的企业，从而形成了“人人做老板，共同打天下”的氛围。

但是，华为公司中并不是所有的员工都能持股，华为员工可持股份额是依据“才能、责任、贡献、工作态度、风险承诺”等几项指标确定的（见图 9-1），员工持股计划的核心是让员工将个人身家和前途注入公司。

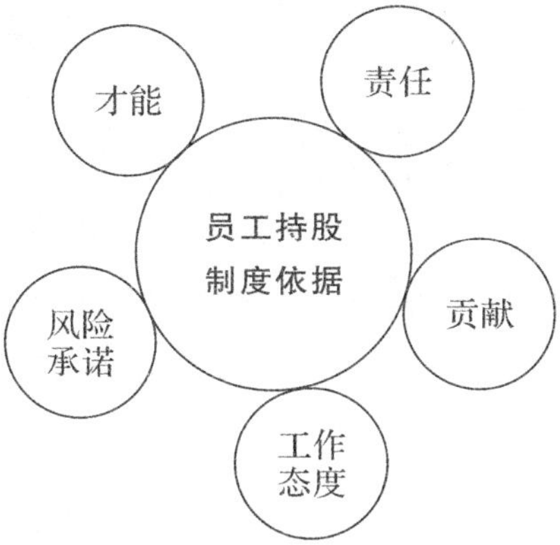

图 9－1　员工持股制度的依据

举个简单的例子，如果你是一名华为的前台、秘书，或是司机等基层员工，当你持有了华为的虚拟股份，你就是华为的一个小老板，那么为了自己获取更好的利益，就会更加用心地去工作。

正因为如此，华为员工持股计划就与国内许多公司“老板发财、员工清贫、人才流失”的现状形成了非常鲜明的对比。

所以，华为的这种将个人与公司捆绑的“全员持股”就直接促使华为快速集聚人才，最终实现高速增长，这也是我国大部分中小企业值得借鉴之处。

公司坚持“利出一孔”，员工才会“力出一孔”。

任正非说：“华为是平凡的，我们的员工也是平凡的，但我们这些平凡的 15 万人，25 年聚焦在一个目标上持续奋斗，从没有动摇过，就如同总从一个孔喷出来的水，从而产生了今天这么大的成就。”

坚持“利出一孔”的原则，就是华为内部从最高层到所有骨干层的全部收入，都只能来自华为的工资、奖励、分红及其他公司福利，不允许有公司外的收入，这样下来就使得华为基本是“利出一孔”，最终形成了 15 万员工团结奋斗的事业。

在“利出一孔”的原则下（见图 9－2），华为每一位员工都紧盯目标，找准自身位置，主动作为，为企业的发展积极奉献，最终上下同欲，“力出一孔”。

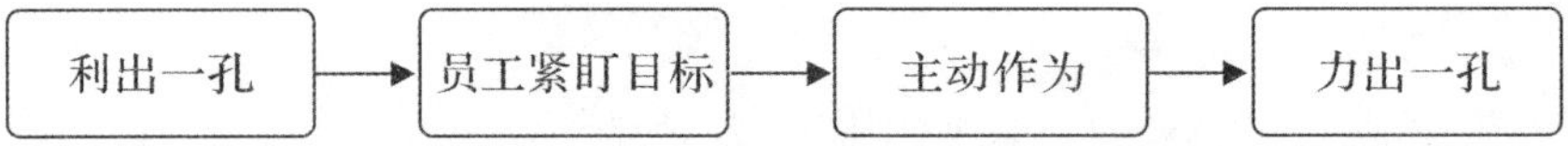

图9-2　利出一孔原则促使力出一孔

可以说，华为成功最核心的要素就是任正非在创办华为时就建立起的分享机制——与员工共同分享公司利润成果。华为公司所从事的通信行业是属于科技行业领域内的，所以公司内有多少员工能够“力出一孔”直接决定了公司的兴衰成败，因此，任正非在华为内实行“利出一孔”的原则，是非常有远见的，也是企业发展的一个关键。

延伸阅读

华为的薪酬包主要包括华为员工的工资、资金、股份、医疗与养老保险等福利。这样的薪酬体系能让企业中有一个长期利益和短期利益的交换，能够着重于长远利益的建设，让员工把精力用于长远建设的目标上来，这也被称为华为价值分配的一种转换方式。

任正非说：“各尽所能，按劳分配。怎么使员工各尽所能呢？关键是要建立公平的价值评价和价值分配制度，使员工形成合理的预期，他相信各尽所能后你会给他合理的回报。而怎么使价值评价做到公平呢？就是要实行同等贡献同等报酬原则。不管你是博士也好、硕士也好、学士也好，只要做出了同样的贡献，公司就给你同等的报酬，这样就把大家的积极性都调动起来了。”

工资推任务：先给员工一个“工资包”，再推任务

多数的企业在进行绩效管理方面对激励方案考虑得很少，事实上绩效管理要想走向成功，为企业的发展提供保障，必须让员工有一定的激励，这样员工才能真正走到企业的核心战略中，为企业的向前发展做出努力。

很多企业的高层管理者总是陷入一种误区：没完没了的考核、打分，却不给员工激励。试想一下，这样的绩效管理能不能完美成功呢？答案肯定不能。在华为，任正非指出，绩效激励是整个绩效管理最关键的一环，也是直接影响员工绩效成绩和绩效质量的一环。所以，华为实行的是“分钱”式的绩效激励。其中华为一个比较有特色也十分高效的做法是“工资推任务”激励方式，具体解释就是先给员工一个“工资包”，然后再推任务。下面来看，在这方面华为具体是怎么一步步做的。

走出“逼迫员工”的误区

多数的企业在进行绩效管理中，为了取得成绩，让员工的工作效率提上去，于是会给员工安排很多任务，这样的方式等于是“逼迫员工”工作。

比如一个玩具工厂，每个车间员工每天要完成100件玩具的模型制造，拿的工资是固定的薪酬。这时候，经理为了提高整体效益，想要提高车间加工的速度，于是要求每个员工每天多完成10件产品。美其名曰是为了提高业绩，然后等市场出现好转之后，就给工人加工资。但时间长了，员工薪酬不

见增长，工作量却依然在加大。这样的方式等于“逼迫员工”，这在绩效管理中是非常不合时宜的。

还有一种方式与上述类似，只是薪酬有所上涨。企业意识到需要用薪酬激励员工，才能提高整体的绩效管理。但是企业却硬性要求员工每天多完成10件，然后每多完成的一件产品给员工一定的提成。这样的方式与“逼迫员工”没有多大区别。硬性要求增加工作量，尽管给予一定的提成，也依然无济于事，员工只能给你“糊弄”，产品质量无法过关，公司整体效益自然不会好。

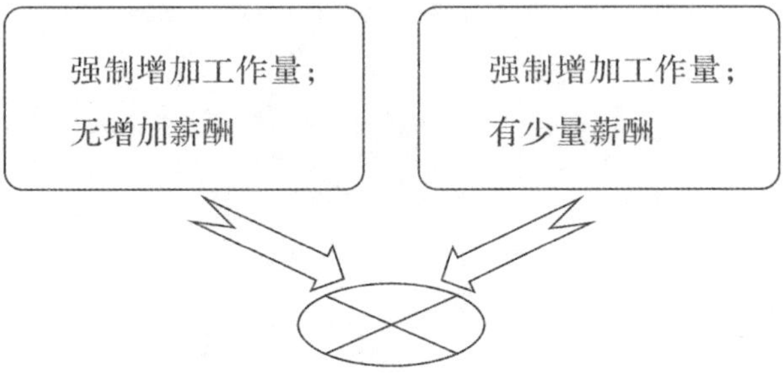

图9－3　逼迫员工的误区

在这方面，华为就很明确地意识到了这个误区，及时走出“逼迫员工”提高绩效、管理质量的路径。首先，华为公司内部首先不会强制给员工增加工作量；其次，即便在需要提高产品生产速度时，也会增派人手和安排合理的薪酬激励。

想要取得合理的绩效管理，必须要走出这种很多企业都会犯的通病或者误区：“逼迫员工”。

给员工工资包，按比例推给员工任务

华为在走出这种“逼迫员工”误区之后，接下来需要做的就是华为比较有特色的方案：按照工资推任务。首先给员工一个工资包，然后员工拿多少工资，就按这个比例去倒推给员工任务。

例如华为高层管理者会给一个小小的区域小组组长500万元的工资包，

这个组长拿的工资是30万元。那么这个组长就必然会为了这30万元去想办法完成绩效。

事实上，华为的做法有非常值得借鉴的地方：

（1）公司组织绩效和部门费用、员工工资联动起来。

这种做法核心的一个绩效管理问题就是一定要把公司的组织绩效和部门的相关费用，包括员工工资联系起来。这样最重要的一个目的就是将核心员工的收入大大提高。核心员工得到了工资包，那么也会倒逼员工的能力增长。

（2）考虑员工怎么生活下去。

华为无疑是中国各大私营企业工资最高的一家之一。甚至“工资高”成为华为的一个标签。任正非曾这样说过：“企业最痛苦的是什么，是低工资的员工太多。”

我们不难看到很多企业的现状：员工工资很低，每个人无所事事地坐在办公桌前，一群员工几乎有一天的闲置时间。这样的现状是很可怕的，也体现出了一个公司绩效管理的恶劣。

华为在绩效激励方面必须要考虑到员工怎么活下去，要考虑如何保证并提高员工的生活质量（见图9－4）。华为的员工工资高、有钱，但是却很少有时间去花。这样的绩效激励和管理结果也是很多公司都向往的。

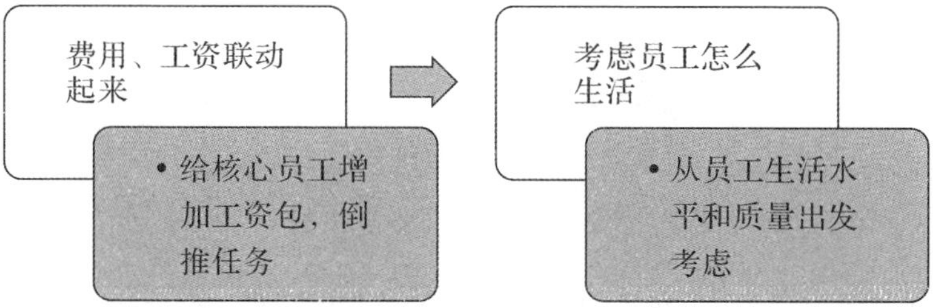

图9－4　华为绩效激励的作用

通过这两种方式，华为强制固定必须要给公司的核心员工增加工资包，从而倒推他要完成多少任务。在华为，每年结束之后，华为都会给前20名的员工继续增加20%的工资，没有达到前20名，但是却也很不错的20%的员工增加10%的工资。

当然了，即便有些部门的任务工作完成得很差，也要给他们加薪，但是却可以适当地减人。

延伸阅读

对许多中小企业来说，虽然不能做到像华为一样给每个员工都大幅度地涨工资，但可以做到的是——给核心员工加薪。当企业给予核心员工一个客观的工资包的时候，核心员工的工作能力也会上涨，任务也会更加得到员工重视，那么整个公司的走势就会很顺畅，绩效才会更容易实现完美，这也是企业绩效激励的一个重要举措。

华为激励：减员、增效、加薪

时至今日，在瞬息万变的时代，我国很多传统行业已经被完全颠覆了，华为却依旧在风雨飘摇的经济中每年保持稳定的增长速度，从2亿元做到了1000亿元！追根溯源，关键性的一点是“减员、增效、加薪”。

任正非说：“对于一个企业来说，最好的状态是，让企业中的一个人干很多事，不养闲人。比如说：如果是4个人的活儿，最好能由2个人来干，但是让他们能拿3倍的工资。这其中就涉及一个问题：减员增效。”

强制规定给核心员工加工资

在华为，一直以来有这样一条令众人都感到非常奇怪的规定：必须给核心员工加工资。任正非说：“现在我们要把英雄先进比例保持60%～70%，剩下30%～40%，每年进行末位淘汰，走掉一部分。这样逼着大家前进。”华为也是这样做的。

现代很多企业发展始终追不上华为，是因为他们都犯了这样一个错误：很多时候部门绩效越差，就越不给员工涨工资。但是，大家想一下，换成自己是一名公司的优秀员工，如果工资一直不涨的话，你也肯定会要走，那么可想而知，留下来的只能是一些比较差的，部门绩效也当然会越来越差。因此，如果想要自己的公司和华为一样飞速发展，就需要公司的管理者们学习华为的激励手段，给每位核心员工及时增加工资，这样就能使公司核心产出职位的薪酬随之增加（见图9－5）。

图9－5　核心员工涨工资和公司核心产出职位薪酬增加的相互作用

一言以蔽之，一家公司要想留住核心员工，就必须给少数核心员工涨工资，顺利地倒推员工需要完成的任务，这也是增量绩效管理的关键所在。除了涨工资，增效、减员也是很多公司管理者应该学习的。

精减人员很有必要

通常来说，优秀的核心员工基本上晚上都会加班加点工作，假如招一个月薪3000块钱的员工，那么公司每年的人工成本是8万元，如果不招新员工，而是给核心人员加2000块钱的工资，那么他晚上就还会加班干。公司人工成本就会减少，效率就会提高。所以，精减人员很有必要。

华为自创建以来始终坚定不移地推行绩效改进的考评体系，更是坚决实行“减员、增效、涨工资”的政策。可以说，华为的绩效管理中每一道工序，每一个流程，都始终以提高质量为前提，提高效益为基本。

2016年9月25日，多家媒体一起爆料“华为将发起大规模裁员，总人数达3～5万人”。彼时华为才刚刚宣布要为员工发1.77亿美元（约合11.2亿元人民币）奖金。

消息一出，喧嚣声不断，华为官方辟谣：称并未开展大规模裁员，只是进行了一次内部人事调整，淘汰一些考评不合格的员工，同时引入更多高性价比的员工。

在华为，基本上一个部门经理只能干3年，这3年的工作任务是精减人员，尽最大能力将自己辖区内的很多岗位合并。企业要想发展得好，就要学习华为这一点：管理岗位和职能岗位越合并越好，一个岗位的职能越多越好，产出岗位越细越好。

这里所讲的产出岗位指的是研发经理、市场经理、客户经理。与其他企业存在最大的不同就是华为对于产出岗位给出的标准是：最好不要让他“升官”，而是要让其“发财”，也就是要对产出职位“去行政化”。简单地说就是华为一定要提升企业内产出职位的级别，让这个职位上的员工虽然只干产出的事情，但是却可以轻松享受总裁级的待遇。

所以，一家公司要想发展好，首先要考虑员工怎么活下去，之后再考虑企业的发展。华为激励的秘诀其核心就是“减员、增效、加薪”，让它实现了员工下降 50%，人均劳动力增长 80%，而销售收入增长 20%。毕竟只有员工有钱却没时间花，才是一个企业成功和最幸福的事情。

延伸阅读

对于公司而言，基本上就是靠员工在一线的辛勤劳动，才使公司的产品源源不断地制造出来并送入市场，所以说，员工是公司的宝贵资产。而且很多时候留住老员工往往会比不断招收员工获益更多。想要留住核心员工，裁去可有可无的员工，提高福利待遇是必不可少的，也是公司管理者吸引和激励员工的重要手段之一。一方面，公司福利是员工总收入报酬的一部分，另一方面公司管理者提供优越的福利，尤其是医疗、教育、住房等涉及人们基本生存和发展的物品和服务，可以增加员工对公司的归属感和稳定感。

以人为本：实现人均毛利 100 万元的目标

任正非说：“我们要尊重那些踏踏实实、认真努力、恪守职责，并不断改进自己工作的老员工，要给予他们多一些的培训机会，他们是我们事业的基础。要帮助他们进行工作适应性调整，使他们在合乎自己能力的岗位上，发挥作用。通过不断改进本职工作，来提升自己的待遇。”任正非的话简单概括就是华为要以人为本，通过实现员工的人均毛利来实现公司的毛利提升。

所以，在华为，会专门针对一些具体的操作岗位上的员工有些特殊政策，像是如果该岗位员工在绩效改进实施一段时间，发现改进越来越困难后，华为就会专门推行岗位职责工资制。职责工资制的主要内容也是针对员工定岗、定员、定待遇，顺利保证华为员工的责任心和对工作负责的精神不动摇，保证能够让他们依旧有好的晋升通道。

以人为本，留住关键人才

根据二八定律的原理，通常一家企业中都是由 20% 的关键岗位员工创造出 80% 的工作绩效，也就是说在工作中 20% 的关键岗位员工又影响着 80% 的普通岗位员工。由此可见企业对关键人才的需求，但现实是我国很多企业中都面临着这样的问题：难以招到适合企业发展的人才，同时又留不住人才，大量的优秀人才外流。因此，企业要想留住关键人才就必须以人为本，树立“尊重知识、尊重人才”的人才观，利用各种手段积极探索出如何留住人才的方式（见图9-6），从而顺利地化被动为主动。

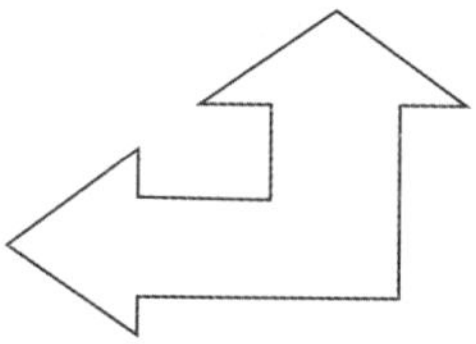

图9-6　留住人才的方式

谈到留住人才这个问题，大多数企业的管理者首先想到的就是用高薪来留住人才，但其实最关键的一点是对人才进行有效激励。来自美国哈佛大学心理学家威廉·詹姆斯经过调查后发现，如果员工处于缺乏激励的环境中，潜力就只能发挥20%～30%，但如果是处于良好的激励环境中的话，同样的员工却可以发挥出潜力的80%～90%。

再加上，公司一般分为技术和管理两个领域，员工一个人往往是不能同时成为管理和技术专业人才，那么问题就出现了：两个职位工资待遇存在着很大的差别，甚至会直接影响到科研技术人员的努力程度。所以，华为为了解决这一困境，设计出了任职资格双向晋升通道。

对于刚入职的新员工，华为会首先让其从基层业务人员做起，之后上升为骨干，在这个时候华为就会让员工根据自己的喜好，选择自己未来的职业发展道路，是成为一名管理人员还是技术专家都由员工自己做主。华为的任职双向通道考虑到员工个人的发展偏好，给予了员工更多的选择机会，同时将技术职能和管理职能平等考虑，帮助员工成长。

而且员工在达到高级职称之前，不管是作为基层管理者还是核心骨干，工资都是相同的，两个职位之间还可以互相转换。只有等到了高级管理者和资深专家的职位时，管理者的职位和专家的职位才不会改变，这个时候，管理者的发展方向就是成为一名职业经理人，而资深专家的发展方向是成为专业技术人员。

不仅如此，华为甚至对给每一名新进员工配置一位导师，对其在工作上和生活上给予关心和指导。一旦员工成为管理骨干后，还会给其配备一位有经验的导师给予指导。在这样的情况下，不管员工有任何需要，华为都能及时采取有效的激励方式，留住关键人才，减少优秀员工的离职率。

有效提高人均毛利

在很多企业中，都存在着这样一个现象：很多员工不会为了自己销售收入的提升而努力。针对这种情况，华为特别制定一条激励制度：有效提高员工的人均毛利，这个数据基本上在30倍到100倍。

华为的具体做法是：先将毛利分成六个包（研发费用包、市场产品管理费用包、技术支持费用包、销售费用包、管理支撑费用包、公司战略投入费用包），然后找到这六个包的“包主”，根据毛利让这个“包主”去合理配比下面需要几个人。

人均毛利对于任何一个企业来说都是唯一的生存指标。

举个简单的例子：假设一家企业中人均毛利35万元是最低的收入水平。人均毛利35万元，那么这其中的60%即21万元是人工成本，25%是业务费用，还剩下的15%是净利润。可见，目前，在我国北上广深这些一线城市中，如果说一家大企业里的员工，月收入达不到8000块钱，那就无法生存下去。

这也就是为什么华为一定要实现人均毛利100万元目标的原因，是因为华为内部规定：员工必须拿到28万元年薪的固定工资。

所以，企业要想做好员工激励，就需要像华为这样，不仅要时刻以人为本，同时也要实现人均毛利100万元的目标。因为人均毛利率的增长，决定着工资包的增长。如果企业的工资包上不去，掌握优秀技能的人才就很容易被别人挖走。

延伸阅读

华为公司如今的发展速度非常之快，在选拔干部时出现了一些因为来不及认真考核，或是没有足够的时间去检验，把一些不合适的人推上了岗位。甚至有时候有的管理者还会因为员工的学历高等因素匆匆忙忙地提拔了他们。

针对这部分人，华为会分为两种方式对待，一种就是让那些感觉自己能够适应下来的，让其利用已获得的机会，努力改造自己和提升自己，把自身完全投入工作。一种是不能适应的，华为就会为其更换职位，抑或者是积极调整他们的心态，让他们更努力地去争取自己最需要和最适合自己的岗位上去工作。

除此之外，华为内的各级干部部门，也需要时刻提高自己的管理水平，改善选拔干部的手段，对那些不适应的干部要加以关怀，做到切勿歧视任何员工，顺利推动干部进步的工作。

股份激励：分给员工股份是华为绩效薪酬的一大特色

任正非说：“当红色蔷薇含苞欲放时，没有枝繁叶茂，一枝独秀，就不会绽放成艳丽的花朵。”所以股权分配在华为就必须进行，华为利用股权分配的方式使劳动、智能和公司的管理等得到合理的回报。但同时针对股权分配，华为却不搞平均主义，而是每年考评出每个人的股权额度，计算是否与贡献大小成正比。

华为每年还会不断吸纳新员工，只要新员工有特殊贡献就毫不吝啬地以股权额度报酬和奖励。这样不断发展至今，华为的总股本年年都在调整，而那些不再做贡献的员工，机会在“摊薄”的股份中被减少收入。这也是华为绩效薪酬中的一大特色。

“人人是老板”的员工持股机制

在华为，知识就是资本，所以作为华为人，不管是学历、能力、职务、职称、科研能力等都能够转化为有价资本，而拥有这些资本的员工就能成为华为的股东。不仅如此，在华为服务的年限、劳动态度等也能被看作是华为资本的组成部分，而持有这些的有关员工也能借此得到一些相应的股权。

所以，对于华为的股东们来说，自己手中所持有的股权是一个变量。再加上华为四级人力资源管理委员会每年都会进行一次按贡献大小评价考核每一位员工的股权额度，或增或减全由员工对企业贡献的大小来决定。这样年年调整股本的结果就会使那些贡献小的股东的股票，在不断的稀释过程中变得越来越少。经过几年这样的运作，目前来说，华为员工持股的基本情况是：40%的员工有比例的持股，30%的优秀员工集体控股，10%~20%的新员工和低级员工适当参股。

全员持股制度的推行使得华为与员工的关系得到了根本的改变，员工成为华为的主人，对华为的归属感进一步增强（见图9－7）。而且“人人是老板”的员工持股机制充分体现了员工自身所拥有知识的价值和价格，同时又兼顾了各方的利益，结成了员工与公司利益和命运的共同体。

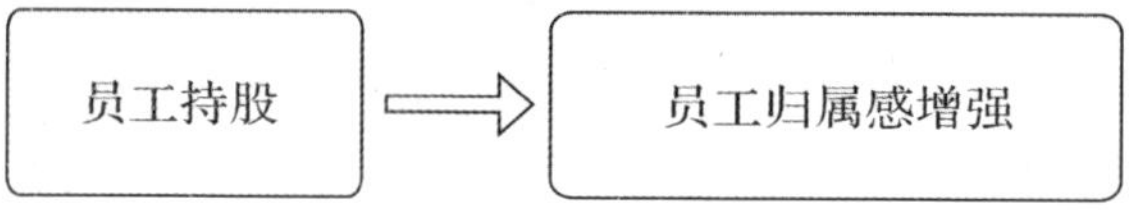

图9－7　华为员工持股制度促使员工归属感增强

只要华为能成长，分红一点也不少

任正非在华为总是时时刻刻寻找组织的“黑洞”，随着华为的不断向前发展，很多员工在华为工作长达10年甚至更长的时间，早就已经赚到可以退休的钱，但是依旧活跃在华为的领导岗位上，这就造成了一批阻碍华为成长的“沉淀层”，在华为，工号20000之前的都被称为是公司内的“贵族”，甚至享有职位与年资上的特权。针对这种情况，华为分别在1996年与2007年，发起了盛大的“集体辞职”运动，这两次都是由董事长孙亚芳及任正非本人发起的，这两次运动涉及的华为人数都将近7000人。

2007年的“集体辞职”中，华为只要是年资8年以上员工，自愿递辞呈，就能够获得与年资相对应的赔偿金，最低人民币20万元起。而且如果辞职后还愿意继续留在华为，华为也会对其进行再次聘用，唯一存在的问题即使既有股份不变，但职位与年资均按照该年的绩效重新计算。

当时华为这种激进的做法引发了舆论的哗然，我国官方甚至介入调查华为此举是否有违法之嫌。但令众人都想不到的是，华为员工竟然都没有出现过激烈的抗争行动，甚至辞职再回任的比率高达9成。

究其原因，不过是因为如果是不回任者就必须在离开前将股份卖回给华为，而重聘者虽然很有可能被降阶降薪，但因为其持有股数不会因此消减，那么只要华为继续成长获利，他们依然可靠持股享受分红好处。

据华为市场部一位中层管理者所说，在华为只要工作5年以上，20万元年薪在华为研发和市场部门只能算是中等水平，而且华为有6成员工持有公司股票，也就是说这些员工可以享受公司业绩增长所带来的盈利。

正是因为如此，华为才能够在保全资深者作为股东的利益的同时又促进新陈代谢，让一批更年轻、更有能力的人登上高位，担当与其绩效相符的职位。

根据不同营销公司的具体情况，针对不同的阶层工作性质与特点，公司需要采取不同的激励方式。一般情况下，公司高层管理人员（总经理、副总经理）为重点激励对象，对他们进行激励的目的是为了让其个人利益与企业的长远利益完全捆绑在一起，从而建立一种面向未来的长期激励制度。华为综合目前国内开展的多种类型的激励方式对华为高层给予这样的激励：现金入股+期股+年薪+期权（购股权）+津贴。

中层管理与业务人员作为公司未来的骨干。其激励方式与高层基本一致，只是股权激励的额度小了些，再加上中层领导工作的时效性，华为摒弃像高层一样的年薪制，改为月薪制，以便及时考核与奖励中层，其激励方式为：现金入股+期股+月薪+奖金+期权（购股权）+津贴。

核心员工与绩优业务员的激励，华为采取月薪、奖金、津贴与期权相结合的方式，通常月薪的比重会偏高，同时赋予其股票期权。

延伸阅读

2016年7月12日华为2016年市场年中会议上，任正非说：

“时代呼唤着英雄，我们要正能量，也要正激励。他们要有对美好未来的使命感，亲力亲为的工匠精神（科学、艺术、工程……），集体至上的个人主义，自下而上的组织能力，会激活我们整个组织，让新鲜的血液增加我们生命的活力。同时，也要末位淘汰不努力的落后员工，包括干部。

如果干部不作为，不清楚战略，践行不够好，也应该下岗。”

“所以第一，调整工资不是水涨船高；第二，我们也不能保证每个人都幸福，我们只能说奋斗者一定幸福。幸福是什么？不是挣到钱就幸福，而是积攒起一大把的回忆就是幸福。我允许每个员工都刻一块石头，藏在华为的花园里面，记录你们的光辉过去。我们承认你们光辉的过去，所以退休时保留一些股票，使大家离开华为以后，生活条件也有一定的保障。我们坚持这一点不动摇。”

物质激励：华为奉行“知本主义”的物质激励

华为公司为了保证自己的一线人员能够在工作中永远保持活力，对一线人员进行了大手笔的物质激励。众所周知，在华为工作就代表着“高额收入”。华为的高薪政策来源于《华为基础法》，其第六十九条规定：“华为公司保证在经济景气时期和事业发展良好的阶段，员工的人均收入高于区域、行业相应的最高水平。”这一点充分体现了华为之所以能够顺利发展至今，还能掌握知识经济时代的一个根本的东西——价值分享。

通常情况下，一家企业机制的建立，以及企业内部关系的形成，都是受企业经营理念的支配。靠着“价值分享”，华为公司取得了令人瞩目的成绩，也逐渐形成了自身独特的企业理念——“知本主义”。

华为“高薪”用人之道

为了让员工全身心地投入到工作中去，华为给予员工的高薪，也体现出了华为的高效率用人之道。也就是说，华为除了支付员工薪水外，还会投入一大部分用于员工管理方面。无论员工的产出多少，公司内有关管理和沟通的成本都不会出现明显变化。所以，高薪就成了华为挖掘员工潜力的最好方式，有效避免了华为的人才流失。华为的高薪政策不仅使优秀的人才聚集到华为中来，同时也有效激励了员工工作的积极性。

华为总裁任正非说：“价值分配制度和人力资源管理是企业所有问题中最

核心与最具特色的部分，而分配问题始终是管理进步的杠杆。”在华为，员工基本上分为四个层级：士兵、英雄、班长和将军（见图9－8）。这很好理解，基层员工就是士兵，骨干员工是英雄，基层管理者是班长，中高层管理者是将军。

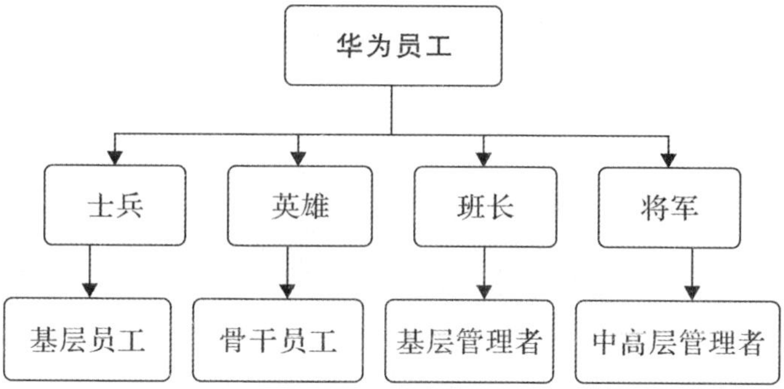

图9－8　华为员工分为四个层级

2016年，当新华社记者采访任正非的时候，任正非那句“三年前华为快要垮了”让众人都惊讶不已。当时的华为真的快要垮了吗？记者查了一下三年前华为的财务报表，发现2013年华为的营业收入高达2390亿元人民币，净利润210亿元，其增幅36%，可以说这样的增幅足以令世人震惊。但任正非为什么偏偏要说“华为快要垮了”？

对此，任正非是这样说的：“华为公司3年前应该快垮了。为什么？因为大家有钱了，怕苦了，我们往海外派人都派不出去。大家都想在北京买房、陪小孩，都想在好地方待。”为了能够让华为更好地向前发展，也为了让一线基层员工有更高的工作热情，华为推出了基层员工也能领取“将军”级别的工作。

“我们就琢磨：为什么不提升一线作战人员的待遇呢？我们确定非洲‘将军’的标准与上海、北京的标准不一样，年轻人在非洲很快就能当上‘将军’。你在非洲干，就朝着这个非洲‘将军’的标准，达到了就是‘将军’，就可以拿‘将军’的钱。现在我们的非洲员工根本不想回来。”

也因此，在更高的收入和更高的职务激励下，现在的华为员工都愿意去一线工作。

活用制度，改革多劳多得

“能者多劳，多劳者多得”，这句话一直以来都是作为华为企业的精神支柱。华为的管理制度虽然被任正非导入了大量的有关 IBM、GE、惠普等西方公司的管理制度，却独独少了华尔街的金融体系。这是因为，在任正非的眼里，华尔街那些搞金融的人光靠数字游戏就能赚进大笔财富，而那些真正卷起袖子苦干的人却只能赚取微薄的工资，是全世界最不合理的事情。

对于华为的基层员工，任正非强调“要在自己很狭窄的范围内，干一行、爱一行、专一行”。人性都是复杂的，既喜欢公平和舒适，又喜欢多劳多得。当然，这两者其实并没有好坏之分，关键在于企业自己的喜好偏向采取哪种方式。

近几年来，随着华为的不断发展壮大，华为一直在努力改进“多劳多得”的激励方针，华为轮值 CEO 徐直军在 2017 新年献词中提出：“华为要继续坚持以有效增长、利润、现金流、提高人均效益为起点的考核。”

为什么要改革“多劳多得”，是因为华为部分老员工躺在股票收益上混日子的现象越来越严重，奋斗者们却得不到很好的回报。

所以华为改发 TUP（奖励期权计划）来取代以往给员工发放虚拟股的激励手段。TUP 虽然只有 5 年有效期，但它不需要用钱买，而且每股分配的收益都是相等的。可以看作是现金奖励的递延分配，属于中长期的一种激励模式，这也相当于预先授予员工们一个获取收益的权利，但这些收益则需要在未来 N 年中逐步兑现（跟业绩挂钩）。

这样一来，员工每年的收益，具体包括工资、奖金、TUP 分配和虚拟股分红（虚拟股分红池 = 营业利润 - 工资 - 奖金 - TUP）。随着 TUP 实施范围和力度的逐渐增加，稀释作用不断加剧，员工本身的 TUP 收益必然会随虚拟受限股比重逐年下降，从而纠正了华为一直实行的股权激励制度由于实施时间太长，导致历史性贡献太过强化而产生的不合理性。

徐直军在新年献词中这样说道：“要保持公司有利润的增长，有现金的利润；消费者业务要坚持以利润为中心；要优化人员结构，对外积极引进优秀人才，对内开展不合格调整。”

延伸阅读

华为“知本主义”在薪酬管理中具体体现在华为的员工采取与能力、贡献相吻合的职能工资制。也就是说华为员工的职能工资都是按照其在华为的责任与贡献来确定任职资格的。随着华为的不断发展壮大，现在，华为早已经把知识、知识劳动与产权联系起来了。“知本主义”的理念贯穿了《华为基本法》，成为华为公司中管理大法的灵魂。

精神激励：华为式晋升、文化、绩效信息激励

在华为，因为其大多数为知识型员工，这种类型的员工往往十分在意实现自身价值并强烈期望得到组织和社会的承认和尊重。所以，华为在加重物质激励的同时，对精神激励也非常重视。精神激励通常指的是能够强化人们心理上的满足感，受人尊重。主要分为文化激励、荣誉和职权。

用文化激励培养员工能力

文化一直都代表着企业的灵魂，通常具有极强的凝聚力。华为具有代表性的文化分别是“狼性文化”和“家的氛围”。（见图 9－9）

华为的企业文化
- 狼性文化
- 家的氛围

图 9－9　华为的企业文化

华为一直以来提倡的一线文化就是“狼性文化”，任正非认为：“即便是再强大的狮子也招架不住一群狼的攻击。狼群以良好的嗅觉、敏捷的反应和发现猎物集体攻击的鲜明特点被大家所熟悉。”华为发展至今始终认为市场就是核心竞争力，“客户选择我而不选择你，就是竞争力”。所以华为的“狼性文化”强调的是狼的团体品质和秉性，胜则举杯同庆、败则拼死相救的团结协作精神在华为得到了充分体现，而并非强调残忍和反人性。

因此，华为一直都有成千上万的一线营销人员前仆后继，凭借着华为人独具特色的“狼性”在前线冲锋陷阵，为华为能够如此迅速地崛起立下了汗马功劳。

除了“狼性文化”，华为一直以来还十分重视给员工“家的氛围”。任正非认为只有让员工时刻感到自己是在为自己的家服务，才会将企业文化建设融入自己的工作中。除了工作时间外，华为也努力丰富企业文化与生活，使企业员工能够在文化活动中增进彼此的情感，提高员工的工作质量和思想境界。

由此可知文化激励对华为的作用，这种精神激励方式在华为刚起步的时候成为华为飞速发展的推动力，现在，在经过多年的积累之后，华为早已建立起了符合自身特色的企业文化。

荣誉奖励和职权激励

除了文化激励外，华为的精神激励还有荣誉奖励和职权激励。华为因为有着各种各样的奖励，所以公司还专门成立了一个荣誉部，主要作用就是专门负责对员工进行考核和评奖。在华为工作的员工只要在某方面有进步就一定能得到奖励，可以这么说，华为对员工所有点点滴滴的进步都给予奖励。

华为的荣誉奖励相比较文化激励有着自己的特点：面广人多，华为的员工很容易在毫无察觉的情况下获得公司的某种奖励。员工只要有自己的特点，再加上工作有自己的业绩，那么得到荣誉奖励就轻而易举了。

除了荣誉奖励，在华为，还有职权激励，对于华为员工来说，职位不单单是权力的象征，而且也是收入的象征。在华为，激励制度把职权和货币收入捆绑在了一起。华为的员工只要得到一个比较高的位置，那么其能从这个位置上获得的收入会是入职收入的若干倍。为了留住人才，华为使出了大手段。

总而言之，物质和精神上的激励合在一起能够保证华为的团队永远活力充沛，时刻保持着战斗力。

延伸阅读

在大多数人的观念中，工作几乎都被看成是谋生的手段，是为了索取报酬而必须付出的代价，因此很多人都把自身的工作和生活在内容上、时间上明确了一个分界线，在8小时之内，员工认为自己“卖”给了公司，8小时以外则是自己的时间。而华为的员工则不是这样想的，华为努力让大家把公司当成是一个大家庭，把大家的工作当成是共同的事业。工作上，华为采取灵活多变的方式来增加工作的趣味性，比如选择高级的度假酒店来召开会议。工作之外，华为还组织多种多样的活动来丰富员工的生活，使员工把从中获得的良好心情和充沛精力带入到工作中来。